リーダーはどうやってチームに好循環をもたらすか

LEADER's KPT

KEEP PROBLEM TRY

天野 勝
MASARU AMANO

すばる舎リンケージ

LEADER's KPT　はじめに

リーダーであれば、チームを対象に会議を開催することがあるでしょう。会議などという形でなく、ミーティングなどでも構いません。

売り上げ目標の共有であったり、課題の検討であったり、あるいは数字の報告だったりと、会議の性質は様々でしょう。

しかし、ここで考えてみてください。それらの目的は、チームとしていままで以上に成果を上げられるようになるということに集約されるはずです。

では、チームとしてより成果を上げられるようになるためにリーダーが行うべきこととは何でしょう？

特にリーダーに成りたての方に見られる傾向ですが、チームの成果を上げるために、自分が率先して頑張るということがあります。

しかし、このリーダーが頑張るという状況は、往々にして成果にはつながりません。

仮に一時的には結果が出たとしても、成果を出すためにリーダーは頑張り続けなければいけません。

「リーダーがやってくれる」という意識がメンバーに根付いてしまって、チームメンバーは言われたことをやっていればいいやという、指示待ちになることを促進してしまうことさえあります。

チームに、継続的な成長が期待されることは言わずもがなですが、チームの成長イコールリーダーの成長になってしまってはリーダーはかなりしんどい状況に追い込まれてしまいます。


では、どうすれば、より成果の上げられるチームになるでしょうか？

私は、その答えのひとつが、「自律的なチーム」を育てていくことだと考えています。

チームはメンバー、つまり人で構成されています。

チームが育つ、ということは、人が育つということに他なりません。

チームメンバー一人ひとりが考え、動き、それでいてチームとして定まった方向に向かっている。

そうしたチームは実現できます。

本書で紹介する「ＫＰＴ」は、冒頭にお伝えした会議のなかで、やったことをふりかえる主旨の会で用いる、チーム内の問題意識を統一し、その問題をチーム全体で解決していくようにできる、シンプルながら非常に強力なフレームワークです。

業務改善を意図した他のフレームワークに比べて、メンバーにも理解されやすく、継続していくことで、チームの雰囲気までよくなっていきます。

導入コストも極めて安価ですので、是非お試しいただきたいと思います。

繰り返し行うことで効果が加速度的に上がるフレームワークですが、一度でも試していただければその効果を感じられることでしょう。

チームメンバーとの関わり方がわからなかったり、良好な関係の構築に悩んでいる

チームの問題意識をまとめたい、認識を共有したい

同じことの繰り返しで成果が上がらない状況を打破したい

リーダーの悩みは様々ですが、ＫＰＴはこうした悩みを根こそぎ改善することのできる、非常にエキサイティングなフレームです。

実践していただくことで、リーダーとメンバーが、より成果を上げ、活き活きとしたチームとなられることと確信しています。

本書が、悩めるリーダーの助けとなり、明るい未来への道標となれば、著者としては望外の喜びです。

２０１９年　晩春　天野　勝

目次

第2章　リーダーのための「KPT」

第3章 「KPT」でPDCAは回る

第４章　実践・応用「ＫＰＴ」

第5章　チームのための「KPT」

第1章

仕事とチームにドライブをかける「KPT」

リーダーの悩みの9割はチームの課題

リーダーは悩むように仕組まれている

「仕事や情報の共有がうまくいっていない」
「リーダーとチームメンバーの認識に乖離がある」
「いつまでも同じような問題が出てくる」
「チームメンバーに今ひとつ信頼されていない」
「チームのコミュニケーションが不十分だと感じる」

多くの場合、リーダーになる人は、メンバーとして成果を出した人です。年功序列でステップアップするとしても、メンバーとしての経験を積んできた人です。

当たり前に思えることですが、あらためて確認したのには、この当たり前に見えることの中に、リーダーが苦しむことになる原因のひとつがあるからです。

それは、リーダーがそれまでやってきた仕事とは違うことをやらねばならないのに、リーダーの仕事のやり方はおろか、ひどい場合にはリーダーは何をすべきかすら教えられないことが往々にしてあるということです。

ですから、リーダーがこうした悩みを抱えることになるのは、残念ながら仕組みとしては至極当然な話なのです。

リーダーの仕事はチームを育てること

ここであらためて押さえておきたいのは、リーダーの仕事はチームとして成果を上げることだ、ということです。

「そりゃそうだよな」と思われる方が大半でしょうし、前述のように、仮に教えられていなかったとしても多くのリーダーが理解はしています。

しかし、〝どうやって〟チームとして成果を上げるのかとなるとそう簡単な話ではありません。

メンバーだった時は、自分だけで頑張って成果を上げればよかったわけですが、リーダーになったら、自分だけというわけにはいきません。

メンバーとして優秀だったことから、チームの業績を支えようとリーダー自らが奮起して頑張っているというケースをよく目にします。

言うなれば、〝どうやって〟の部分で、〝自分が頑張って〟を選んでしまっているケースですが、それをただちに「悪い」とまでは言わないにしても、それだけでは絶対にダメなのも事実です。

リーダーが自ら業績を支えるようなチームは大きなリスクを抱えます。

自分が頑張ろうが頑張るまいが、リーダーによってチームの成果が一定以上担保されている環境では、メンバーの自発的な成長は期待しにくくなります。

すると、いつまで経ってもリーダーはひとりで頑張り続けなければならなくなってしまい、冒頭の悩みを抱え続けることになってしまうのです。

それではやってられません。

〝どうやって〟成果を上げるのかという問いには、〝チームを成長させて〟という答えを当てはめるべきです。

そのためには、リーダーがまず最初に、

・チームとしてより成果を上げられるようになるという目的の共有
・そのために、他人事ではなく、メンバー自身が関わる必要があるという意識づけ

をする必要があります。

しかし、言葉で言うのは簡単ですが、コレもまたいざやろうとすると難しいものです。誰もが「それはそうだろう」と思うことでしょうし、「それくらいは当たり前にできている」と思われるかもしれませんが、実際には、多くのチームで目的が共有されていない状況を目にします。

「メールで送ったから共有できている。メールしたのに目的がわかってないのはメンバーに問題がある」といってしまうようなリーダーは永遠にチームを成長させられません。

こうした根本的な部分から、日々の業務の効率化、チームの一体感の醸成、リーダーとメンバーの距離を縮めること、メンバーの自律的な成長の促進など、多岐にわたって効果を発揮するのが、「ＫＰＴ」です。

シンプルで強力なフレームワーク「KPT」

改善は「ふりかえり」から

多くの方が、これまでに「反省会」というものに参加したことがあると思います。有意義なものだったか、そうでなかったかは置いておくにしても、何らかの目的を達成するために行ったことについて、その結果をベースに、どうだったか、何がよかったか、悪かったか、今後どうするかを話す「ふりかえり」は、どんな仕事においても有用です。

KPTを一言で言えば、そうしたふりかえりに適している、「Keep」、「Problem」、「Try」の視点で物事を捉え、考える「思考フレームワーク」です。

協調型のチームを目指す

Keep、Problem、Try の先頭の文字から「KPT」となっていて、「けぷと」と呼ばれることが多く、プロジェクトファシリテーションなどで活用されています。

プロジェクトファシリテーションとは、元はソフトウェア開発の領域で出てきた考え方で、協調の場作りをすることで、そこに集まった人達が持っているスキルを、チームとして100％以上に発揮できるようにする考え方です。

プロジェクトファシリテーションは「参加者の協調の場作り」に重点を置き、その場その場の変化に対応し、チームが協力し合って創発的に成果を出していく、「協調型」のチーム作りの形です。

チームリーダーがメンバーに指示命令をして動かす、昔からあるトップダウン型のスタイルもありますが、そういった形のチームでは、チームとしての能力がチームリーダーの能力を超すことはありません。強いリーダーでなければ、チームに満足な成果は望めないわけです。

しかし、協調型のチームとして機能すれば、リーダーだけでないメンバー同士の相互作用で、チームの能力は増幅します。

このような協調型のチームを形成するツールとして、ＫＰＴは役に立ちます。

これから詳しく説明していきますが、ＫＰＴは基本的にとてもシンプルなフレームワークですので、導入するのも簡単ですし、コストもほとんどかかりません。

メンバーそれぞれの能力を十全に発揮させ、チームとしてさらなる成果を出していく。

リーダーにとって心強い味方になるツールですので、是非実践していただきたいと思います。

マイナスをゼロに、ゼロをプラスに

問題を早期に見つける

何らかの問題が、「問題」として認識されるとき、それは、うまくいっていないときです。なんだかんだで成果が上がっていて、結果的にうまくいっているな、というときは、問題があっても、それが改善すべき点だとは認識されにくいのです。

このように、マイナスな状況になってから問題が見つかるのが普通なのですが、継続的にKPTを使ってふりかえることで、早期に問題を見つけることができるようになります。早いタイミングで問題を認識することができれば、その問題が深刻なものになる前に改善する対策を打ったり、あるいは問題そのものを事前に解消したりできるようになります。

KPTのProblemは、悪かったことや改善すべき点を挙げるフレームです。

このフレームがあることで、問題を探す視点が与えられ、いい状況の中に潜む問題や、あるいは今後問題に育ちそうな課題が見つかりやすくなります。

KPTならチームのコミュニケーションが自然と行われる

後に詳しく説明しますが、KPTには、基本的にシステムとしてコミュニケーションが設定されています。

意見を表明する、それに対して他のメンバーからレスポンスが返ってくるという形です。

いまのビジネスの現場では、コミュニケーション不全が進んでいるように思います。チームのメンバーだけでなく、リーダー自身も、嫌われたくないし、悪く思われたくないと過度に意識してしまっているのでしょうか。

特に近年は、パワハラなどが取りざたされますから、リーダーはチームメンバーとの関わりにおっかなびっくりです。

誤解を恐れずに言うなら、職位が下の人の権利が強くなっているように見えてしまうのも、多分に影響しているように思います。

仕事の価値観も変わってきて、「仕事は仕事」で深い関係を築く必要はないし、最低限のコミュニケーションでいいという人も多くいるようです。

しかし、その最低限のコミュニケーションというのが、本来あるべき、チームとして仕事をする上で必要とされるよりももっと低いところに設定されてしまっていては、チームを十全に機能させることはできません。

ＫＰＴは、行うだけで、絶対にその最低限のところまでは持っていけて、さらにその上まで進めることができるフレームなのです。

第2章

リーダーのための「KPT」

成果を上げ続けるにはカイゼンが不可欠

やりっぱなしになっていないか

仕事に限らず、何かしらの活動をしたら、その結果をふりかえって、次はよりよい結果を得られるようにする。これを継続していくのがカイゼンです。

カイゼンが為されなければ、今まで以上の成果はおろか、今までと同様の成果すら得られません。

昔から「現状維持を目指した瞬間に右肩下がりになっていく」と言われるように、同じことをやり続けても、成果が上げ続けられないのです。

なぜならば、外側、つまり環境が変化していってしまうからで、環境の変化も取り込んだ上で、やり方を変えていかないと成果の維持すら難しくなってしまいます。

特に、情報や技術の刷新スピードが速くなってきている現代ではより顕著に影響するでしょう。

つまり、成果を上げるためには、カイゼンが欠かせないわけです。

しかし実際の仕事の現場では、やりっぱなしになってしまっていて、そのまま次に取り掛かってしまっているということが驚くほどよくあります。

何度も同じようなミスを繰り返してしまうのは、過去の経験を次につなげることができていないからです。

また、ミスはしていないまでも、「やっていることがマンネリだなあ」と感じてしまうのは、よりよくなるような行動を起こしていないからではないでしょうか。

とはいえ、「行った仕事を見直し、改善することは大事だ」とわかっていても、なかなか時間を取ってふりかえれないという方が多いのは事実です。

このようにふりかえれないことには、2つの原因があると私は考えています。

1つは「時間がない」こと、もう1つは「ふりかえり方を知らない」ことです。

そして、この2つは互いに関係しています。

ふりかえり方を知らないと、いざやろうとしてもどこから手を付ければよいか迷ってびしまい、なかなか重い腰が上がらずに時間ばかりが経ってしまうことでしょう。

　そうしている間にも日々の業務は動き続けますから、そのままふりかえれないまま、仕事に取りかかることになってしまいます。

　しかし、効果的なふりかえり方を知っていれば、準備にかかる時間も短縮できますし、当然のごとくふりかえり自体の時間も短縮できて、その成果もよいものになるのです。

　この効果的なふりかえりを行うためのツールの代表格が、本書の主題である「ＫＰＴ」です。

なぜ、ふりかえれない？

ふりかえれないのは
ふりかえり方を知らないから

⇓

効果的なふりかえり方を
知っていればカイゼンは可能になる

よりよい成果を得るため
“KPT” でふりかえるのが有効

KPTの基本フォーマット

たった3つの視点で超効率的にふりかえる

先にも説明したとおり、KPTとは、ふりかえるのに適した思考フレームワークで、「Keep」「Problem」「Try」という3つの単語の先頭文字をつなげたものです。
次ページの図が、KPTの基本フォーマットです。

Keepは、実施した活動の中で、今後も続けたいことや、よかったこと。
Problemは、実施した活動の中で、困ったことや、問題点。
Tryは、今後の活動で試したいこと。

それほど難しいことはありません。
この視点を使うだけで、短時間で効果的にふりかえることができるのです。

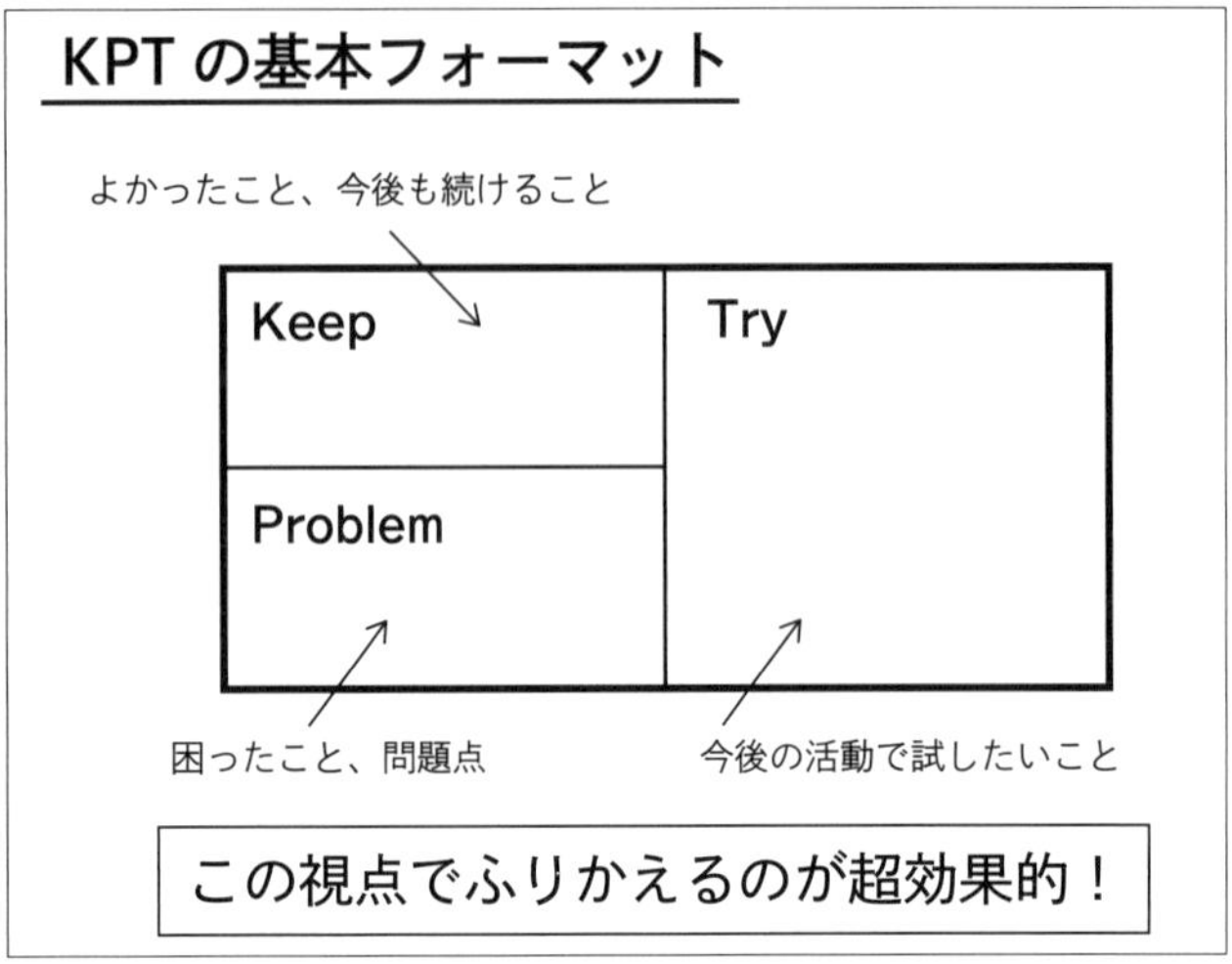

ＫＰＴを使ってふりかえる

上記基本フォーマットを見ていただいたら、さっそくＫＰＴを使ったふりかえりの概要を説明しましょう。

ＫＰＴでのふりかえりは、以下の７つのステップで行うことが基本となります。

①活動を思い出す
②うまくいった行動を確認する
③問題を洗い出す
④原因を検討する
⑤改善策を考える
⑥試したいことを考える

⑦試すことを決定する

これらのステップをどのように進めるのか、具体例を交えながら紹介します。

チームで企画した商品を、会社の上層部にプレゼンテーションし、そこそこの感触を得られたところとします。

「そこそこの感触」で終わったということで、ミスもないのでそのままやり過ごしてしまいがちですが、このような場面でこそ、ふりかえることが重要です。

結果が散々だった場合は、ふりかえるのが当たり前だと思うでしょう。

しかし、結果が散々だった場合は、それまでの過程で発生していた問題点を解決せずに過ごしてしまっていることがほとんどですので、ノウハウとして抽出できることがあまり多くない可能性があります。

一方で、「そこそこの感触」を得られたということは、そこにたどり着くための有効なノウハウが多く埋もれているものです。

これを見つけ出して、今後に活かさない手はありません。

STEP1：活動を思い出す

まずは、どのような活動を行ったのか、その時何が起きたのかを思い出します。カレンダーや手帳、資料などを活用するのもいいでしょう。

プレゼンテーションが終わったばかりのタイミングですので、プレゼンテーションの本番がどうだったかに目が行きがちですが、それだけではいけません。

プレゼンテーションを行うためには、膨大な準備をしているはずです。次の同様の機会、活動をよりよいものにするためにも、準備段階のこともしっかりとふりかえるべきです。

ふりかえりの際には、ふりかえる範囲を決め、その始まりから終わりまでを思い出していくのが大事です。

当然のことですが、時間が経ったことよりは、最近あったことのほうが思い出しやすいので、過去に遡《さかのぼ》るように思い出すのがオススメです。

プレゼンテーションをすることが決まった時点からかもしれませんし、チームが集まった最初のキックオフ会議からかもしれません。

また、あなたが最初に企画のアイデアを思い付いたのだとしたら、そのアイデアを温め始めたところからかもしれません。

ただし、ふりかえる期間が長くなればそれだけ思い出すのが大変になり、時間もかかりますので、1週間程度をオススメしています。長くても1ヵ月ぐらいにしておきましょう。

STEP2：うまくいった行動を確認する

よくあることなのですが、思い返していくと、至らなかった点や失敗した点などばかりが気になるかもしれません。

人間の脳みそはネガティブなことのほうが記憶に残りやすいので、そうなってしまうのも仕方のないことではありません。

しかし、それは一旦置いておいて、まずはうまくいった行動だけに注目してみましょう。うまくいった行動の中で、次も続けたほうがよいことがあるはずです。

これが、「Keep」です。

たとえば企画を詰めていく中で行ったブレインストーミングの進め方がよければKeepとします。

キックオフミーティングの中で自己紹介をしたときに、みんなが拍手をすることで場の雰囲気が和んだというならば、それもKeepで構いません。

どんな些細なことでもよいので、次も続けるべきと思うことであればKeepとして挙げていきます。

STEP3：問題を洗い出す

プレゼンが結果としてはうまくいったとしても、その過程では多くの問題を乗り越えてきたのではないでしょうか。

それらの問題に対しての有効な対応策があったら、その対応策はよかったことと言えますから、「Keep」として挙げていきます。

しかし、問題であるのに、未だ解決できていないままのことがあるのであれば、それを「Problem」として挙げてください。

資料作りに時間がかかりすぎていたり、準備にかかる工数の読み違い、作業量のバラツキなども立派なProblemです。

当日のことだったら、上層部の前に出たときに緊張して、思ったとおり話せなかったといったことや、準備が不十分であったというようなことがあれば、それらもProblemとして挙げましょう。

また、プレゼンで「そこそこの感触を得た」で充分でしょうか？　大成功を狙っていたなど、もっとよい反応を期待していた、メンバーをもっと成長させたかったなど、理想と異なっていたら、そのギャップもProblemとして挙げましょう。

STEP4：原因を検討する

ここまでに挙がってきたKeepやProblemを見て、それらがKeepやProblemとなった「原因」を考えます。

たとえば、「ブレインストーミングの進め方がよかった」のは、なぜ、どのようによかったのでしょうか。

各人が秘めていたことをみんなに伝えられたのがよかったのかもしれません。突拍子もないアイデアがたくさん出て、予想外にクリティカルなプランが生み出されたのがよかったのかもしれません。

そこには何かしらの原因があるはずです。

この状況の例に限らず、いろいろな状況でふりかえりを行った際によく出るProblemに「準備が不十分」というものがありますが、これはちょっと気をつけたいポイントです。「準備が不十分」だけでは、「じゃあ次は入念に準備をしよう」などと、具体性に欠ける、実行性の極めて低い改善案につながってしまったりするのです。

そうならないためにも、準備が不十分だったことによって、どのような不利益があったのかを検討しなければいけません。

準備を十分行うことで、どのようなことを改善したいのかがはっきりしていないと、次の改善策を考えるステップでつまづいてしまうことがあるのです。

準備が不十分だったために、プレゼン資料を詰め切れなかった、緊張して話すべきことを飛ばしてしまった、プロジェクターとPCをつなぐのに時間がかかってしまい持ち時間が減ってしまった、など問題点を具体的に、明確にします。

ここは必要に応じて、たっぷりと時間を取ってもよいですし、ある程度省略してしまっても構いません。

このステップについては、様々な進め方がありますので、詳細は後述します。

STEP5：改善策を考える

出てきたKeepとProblemに対して、これまでよりよくなれそうなアイデアを「Try」として出していきます。

「改善」と聞くと、「ダメなところを直す」というイメージを持たれる方が多いのですが、それだけではなく、「よいところをさらによくする」というのも改善です。

ブレインストーミングのやり方をKeepとして挙げたとすれば、よりよいブレインストーミングのやり方のアイデアをTryとして挙げていきます。

Problemとして「準備が不十分で、緊張して話すことを飛ばしてしまった」ということが出てきたならば、緊張しないようにするアイデアや、話を飛ばさないためのアイデアが出てくるでしょうから、それらをTryとして挙げていきます。

STEP6：試したいことを考える

STEP5では、KeepやProblemに対する改善策を考えました。

しかし、KeepやProblemにこだわらずとも、今後をよりよくするためのアイデアが閃くこともあります。それもTryとして挙げていきます。

STEP7：試すことを決定する

Keepをよりよい形にするアイデア。Problemを改善するためのアイデア。KeepとProblemに直接的には関係なくとも、業務改善のためにやってみたいアイデア。

Tryには、改善のアイデアがたくさん挙がってきます。

しかし、全ての改善のアイデアを実施しようというのも簡単ではありません。やることが多すぎて手が回らなかったり、どれも中途半端になってしまったり、s矛盾していてより悪くなってしまうといったりしたことが起きてしまいます。

そこで、挙がったアイデアの中から、効果があると予感するものをいくつか選びます。Tryは後で選ぶことを前提として、実施するかしないかを気にせずに多く出しておくほうがいいでしょう。

ただし、選択したTryが抽象的だと何をすればよいかわからないので、行動できるようにできる限り具体的なアクションを挙げるようにしておきましょう。

KPTの基本7ステップ

① 活動を思い出す

⇓

② うまくいった行動を確認する

⇓

③ 問題を洗い出す

⇓

④ 原因を検討する

⇓

⑤ 改善策を考える

⇓

⑥ 試したいことを考える

⇓

⑦ 試すことを決定する

KPTでのふりかえりの
流れを覚えておこう

ＫＰＴがチームに与える効果

繰り返すだけでナレッジマネジメントが実現する

前項で、ふりかえりの7ステップを紹介しました。

簡潔にまとめると、「活動を思い返して、よいところをよりよく、ダメなところは少しでもよくするためのアイデアを出して、アクションに落とす」という何とも単純なことなので、もっとすごいことを期待していた方は、肩透かしを食らった感じを受けるかもしれません。

しかし、このＫＰＴを使ったふりかえりの素晴らしいところは、「繰り返して行うことでその効果がより大きくなる」ところにあります。

ふりかえりで挙がったTryのうち、実施してみて効果があったものは、次のふりかえりではKeepになっていきます。つまり、Keepには、続けていくべきよい行動がどんどん蓄積されていくのです。これはとても価値のあることです。

よかったことをさらに強化したり、問題を解決するということにおいて、ＫＰＴは強力なフレームであることは間違いありませんが、ＫＰＴを行っていなくても、日々の仕事においての改善は十分にありえることですし、実際にそういった経験を多くの人がされてきていることでしょう。しかし、改善の結果を共有できているか、継続できているか、というといかがでしょうか？

ＫＰＴの大きなメリットはここにもあります。

チーム全体での共有と、施策として挙がった Try が Keep になり、その Keep をより強化する Try になり……と、ナレッジマネジメントの仕組みが、このＫＰＴの中で実現されているのです。

さらに、ＫＰＴのフレームに落とし込んでいく際に文字にすることで、自身の頭の中のアイデアを、他の人に伝えることが容易になるという効果もあります。

その逆もしかりで、他の人の考えていることを知るきっかけにもなります。

単純なことですが、やれていない会社が多いので、ＫＰＴを行うだけでライバルよりも抜きん出ることができます。

この概念図、ＫＰＴのサイクルを次ページに整理しておきますので見てみてください。

KPTのサイクル

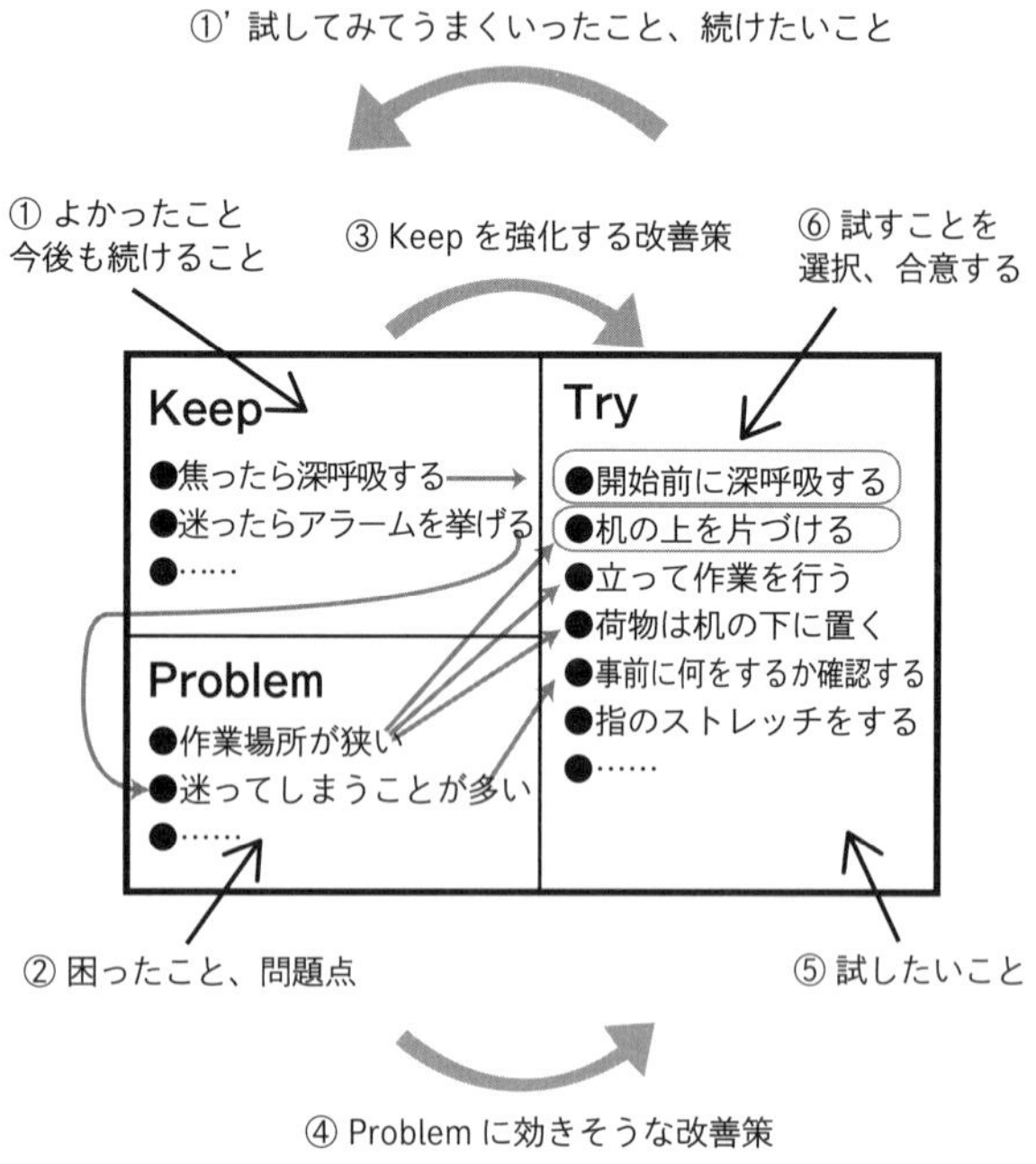

①' 試してみてうまくいったこと、続けたいこと
① よかったこと
今後も続けること
③ Keepを強化する改善策
⑥ 試すことを
選択、合意する
Keep
●焦ったら深呼吸する
●迷ったらアラームを挙げる
●……
Problem
●作業場所が狭い
●迷ってしまうことが多い
●……
Try
●開始前に深呼吸する
●机の上を片づける
●立って作業を行う
●荷物は机の下に置く
●事前に何をするか確認する
●指のストレッチをする
●……
② 困ったこと、問題点
⑤ 試したいこと
④ Problemに効きそうな改善策

このサイクルを繰り返すと
効果がより大きくなる！

ＫＰＴを活用する

ふりかえりに有効なＫＰＴですが、その使い方をもう少し具体的に説明します。

ＫＰＴには副次的なメリットも多数ありますが、特に「学びを整理する」「現状を打破する」「カイゼンを行う」ために役に立ちます。

学びを整理するＫＰＴ

これまでの仕事や活動を通じて学んだことを確認する場面で、ＫＰＴは非常に有用です。個人だけで考えても、経験を蓄積し成長することは非常に価値がありますし、そのひと本人にとって得なことでしょう。

にも関わらず、それまでのことを省みず、次から次へと先に進んでいって、学習できていないという人は驚くほど多いものです。これは本当にもったいない。

チームであれば、なおさら大切なことは言うまでもありませんから、リーダーとしては何としても気をつけたいところです。

ＫＰＴでは、過去に何を学んだのかを、Keepや、Problem、Tryに関連付けながら洗い出すことで整理することができます。

整理することによって認識できる、把握しやすくなる、ということは経験則として理解していただけることでしょう。

また、人は成功したこと以外にも、失敗したことから学べます。

どのような問題があり、それに対してどのような仮説を立て、どのような手を打ち、結果はどうだったのかが、ＫＰＴを行うことで整理できます。

さらには、いま行っている行動、これから行おうとしていることは、何のために行っているのか、その理由を明確にしていくのにも活用できます。

チームに目的を伝え、意識を共有させるという、リーダーとして大事な役割が自然と果たせるのです。

現状打破のためのＫＰＴ

改善策を考え、行動を促すときにもＫＰＴは活躍します。

改善策が突然降って湧いてくるというのはほとんど無いことで、何らかの課題について具体的に考えている時に見い出されることが多いでしょう。

ＫＰＴを通じて、現在の行動のいいところや、自分たちの強みがわかれば、「それをよりよくするには何をしたらよいか」という問いを立てることで、更なる改善策が生み出せます。

また、現在の問題点や自分たちの苦手とするところがわかれば、「それを取り除くには何をしたらよいか」という問いを立てることで、改善策が生み出せます。

この現状打破という点では、ＫＰＴは特に応用範囲が広く、個人の目標管理にも活用できます。

カイゼンのＫＰＴ

ここまででお気づきの方も多いと思いますが、私は漢字の「改善」と、カタカナの「カイゼン」を使い分けています。

どういうことかというと、漢字の「改善」は単発の改善、カタカナの「カイゼン」は継続的な改善と捉えているのです。

つまり、「カイゼンのＫＰＴ」とは、継続的に改善をしていくためにＫＰＴを活用するということです。

リーダーがチームで使うなら、日常の業務の中で定期的にＫＰＴを行うことが、ＫＰＴの効力を最も発揮しやすいと考えています。

単純に一回だけ「ふりかえり」を行う際には、ＫＰＴ以外にも多くの思考フレームワークが活用できますが、定期的に実施するふりかえりには、ＫＰＴがとても相性がいいのです。

以下に、ＫＰＴを活用してカイゼンのサイクルを回す際の代表的な3つの流れを紹介します。

① Problem → Try → Keep

最も多いパターンです。

挙げたProblemに対して、Tryを考え、そのTryを実施してみます。効果があったならば、今後も続けていくということで次のＫＰＴでKeepとして扱います。

これはわかりやすいですね。

問題があったので、改善策を考え、やってみる。するとと狙いどおりいい結果が出たので、今後も続けましょう、というわけです。

② Try→Keep

①と重複しているようですが別なもので、KeepやProblemとは無関係に挙げたTryを実施して、次も続けるならばKeepとして扱うというものです。

いままで取り組んでもいないし、現時点では問題にもなっていないけれど、新しいことをやってみる、というものです。

いい結果を生み出すこともあるのですがかなり稀なことで、私の経験上ではこのようなTryはなかなかKeepに至らない傾向があります。

③ Keep→Try→Keep

挙げたKeepに対して、それをよりよくするTryを考え、それを実施して効果があるならば、Keepとしていくというものです。

よかったことを、もっとよくしようというものですね。

カイゼンは、主にこれら3つのサイクルで構成されます。

ここでポイントとなるのは、すべてのサイクルの終わりがKeepとなっていることです。

つまり、どのサイクルであれ、うまく回っていくとKeepが増えていくのです。

Keepが増えると、③のサイクルによって、さらにKeepが増えていきます。


しかし、Keepを強化するTryを考えるのは意外と難しいのが事実でもあります。

問題があったらまずそれを何とかしないといけませんから、Problemに対してのTryを考えるほうが喫緊ですし、わかりやすいといったところでしょうか。

ですから、最初のうちはそこまで意識しなくても大丈夫です。

KPTに慣れていくと、KeepをよりよくするようなTryも自然に出てくるようになります。

KPTには付箋紙を使おう

普段は気づかない付箋紙のメリット

会議や打ち合わせの際、リーダーからメンバーに意見を求めても、多くの場合、意見を出す人が限られてしまいがちです。

また、ホワイトボードに板書するのも、議論が活発で矢継ぎ早に意見を言われたりすると追いつかなくなってしまいます。

ふりかえりならそんな状況に陥らない、なんてことはありません。

リーダーは進行役も兼ねていることが多いでしょうから、なおさら忙しくてんてこ舞いになってしまいます。

そんなことにならないためにも、KPTを行う際にオススメなのが付箋紙の活用です。

私が使いやすいのは75ミリ×50ミリの大きさのものですが、よくある75ミリ×75ミリの

付箋紙を使ったKPT

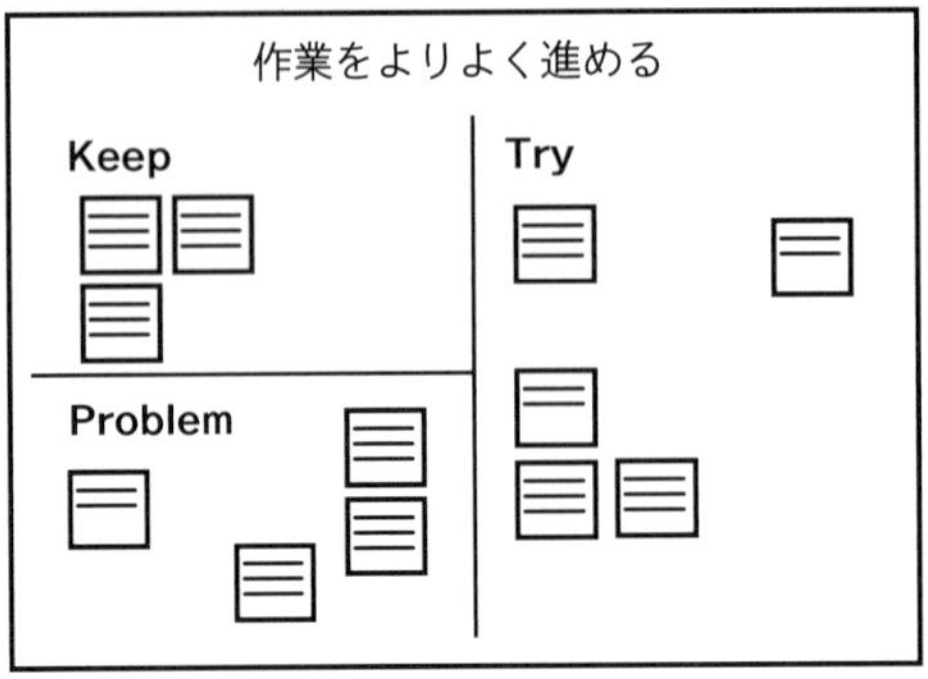

付箋紙を使うことで
意見を拾いやすく、見やすくできる！

ものでもいいでしょう。

どう活用するのかというと、付箋紙に自分が考えていることを各人で書いてもらい、それをホワイトボードや、壁に貼りだした模造紙などに貼って共有するのです。

書くのは各人にお任せなので、矢継ぎ早に意見を言われて板書が追いつかなくなるということはありません。

また、リーダーや、リーダー以外の進行役になった人も、他の人たちが付箋紙に書き込んでいる間に自分たちも付箋紙に書き込む時間が取れますので、平等に意見を出せます。

これは通常の会議等ではなかなか実現しづらいことで、付箋紙を用いる大きなメリットのひとつです。

まずは、付箋紙に書くだけの時間を取り、時間が経ったら書かれたものを読み上げながら貼っていきます。

付箋紙の使い方

付箋紙に意見を書く時は、1枚に1つの意見を書いてもらうようにします。

付箋紙を用いることのもうひとつのメリットが、「意見の物質化」を可能にすることです。

付箋紙に意見を書くことで、物理的に意見に触れられるようになり、指でさしたり、移動させられるようになります。

聞いているだけのことや板書と何が違うのかと思う方もいらっしゃるかも知れませんが、意見の物質化が為されているのといないのとでは、驚くほどそこからの発想の飛躍ぐあいが変わります。ぜひ試してみてください。

ここで、付箋紙を用いるにあたって、よりよい使い方について説明しておきましょう。

1つめが、壁や模造紙に貼った時に、少し遠くからでも見えるように、フェルトペン等、太めの筆記具で書くこと。

ボールペンなどの線が細い筆記具で書くと、近付かないと何が書かれているのか見えません。

2つめが、ノリの付いている方向に沿って付箋紙を剥がすようにすること。

付箋紙を貼ったとき、いつの間にか剥がれて落ちてしまったという経験、ありますよね。ホワイトボードや模造紙に貼るときは、なおさら重力の影響を受けるので、剥がれて落ちやすくなってしまいます。

しかし、この「付箋紙が剥がれてしまう」のは、そもそも剥がれやすいように貼ってしまっているからなのです。

多くの人が普通だと思っているめくるような付箋紙の剥がし方がよくありません。

貼ったときに剥がれにくくするためには、付箋紙を束から剥がす際のやり方を変えればいいだけです。

それが、左ページの図のように、ノリのついている方向に沿って束から剥がすことです。

このやり方だと、貼った時にめくれ上がらずに見やすいばかりではなく、粘着面がしっか

付箋紙の剥がし方

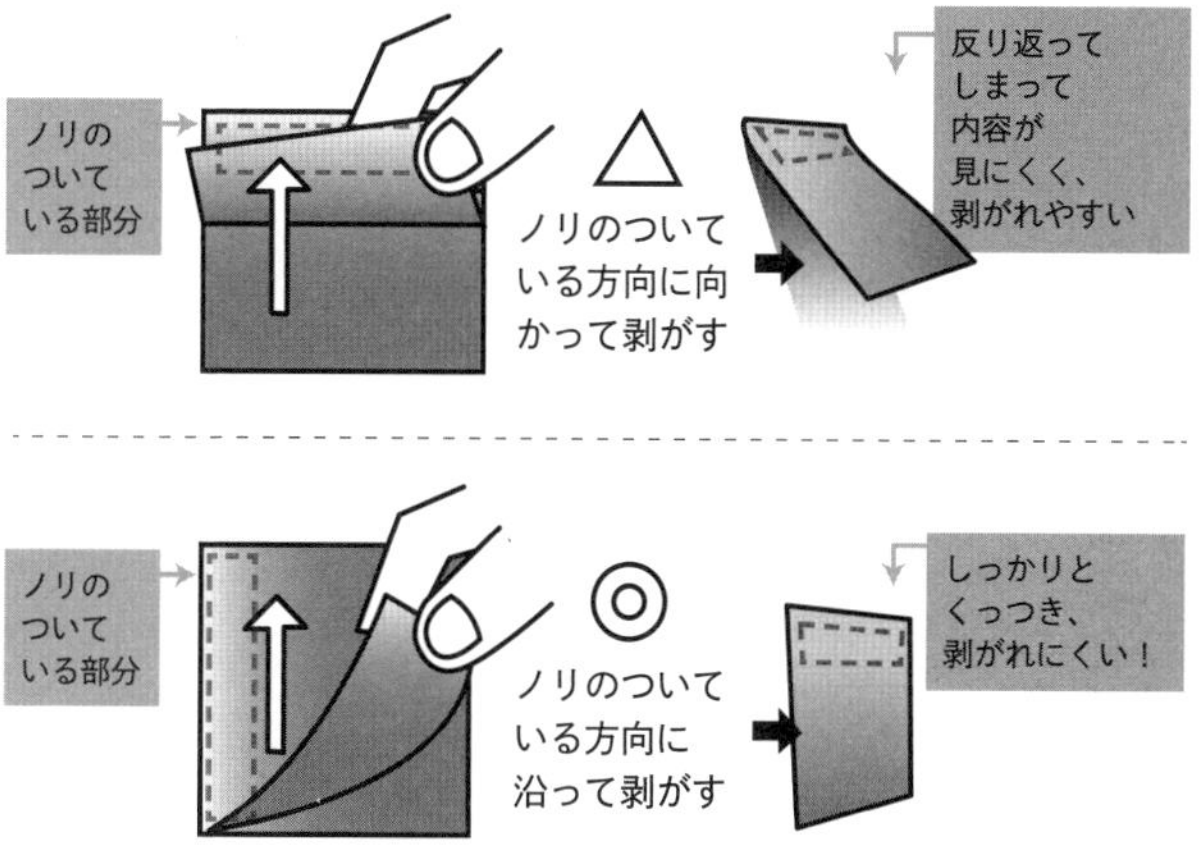

KPT 以外にも役に立つ
付箋紙の剥がし方を実践しよう！

りと付くため、剥がれにくくなります。

付箋紙は大抵の会社で使用されていますし、万が一無かったとしても比較的安価に入手できます。

他のフレームワークに比べて格段にランニングコストが安いのにも関わらず、発揮するパフォーマンスが極めて高いというのもＫＰＴの優れた特徴です。

KPTがリーダーを救う

リーダーは難しい環境に置かれている

リーダーの仕事はチームとして成果を上げることであり、そのためにはカイゼンが不可欠です。

カイゼンの前段として、チーム全体での目的の共有が必要なのは先に述べたとおりですが、さらなる前提として、メンバーとの良好な関係が築けていなければ、カイゼンのサイクルを回すことは難しいと言わざるを得ません。

とはいえ、この「メンバーとの良好な関係」を築くというのが、いまの時代は結構うまくいかないものです。

労働に対する価値観が多様化していること、働き方改革や様々なハラスメント問題が取りざたされる現代のビジネスの現場は、変な言い方ですが、「下が強い」という要素を含んでいます。

「パワハラになってしまうのではないか」
「叱ると辞めてしまうのでは」
「うっとうしがられるのはイヤだ」
などと考えてしまって、メンバーと関わることに消極的になってしまうというリーダーも多くいらっしゃるようです。

しかし、よく考えてみてください。

このような問題は、良好な関係性の構築ができていれば基本的に起きません。ある程度親しい、チームの仲間とでも言うべき関係性が構築されていたら、よほど度を超した対応をしないかぎり問題とは受け取られないはずです。

例えばメンバーがリーダーから「もう少し見やすい資料を作るように」と指摘されたとしても、「そうだな、ちゃんとしなきゃ」「そんなにできてないかなあ？　でも○○さんが言うなら考えてみるか」などと受け止められるでしょう。

これが関係性ができていないと、「こっちの気持ちもわからないくせに上から言いやがって」などとまず心理的な反発が生じてしまい、その結果問題と捉えられるわけです。

リーダーがメンバーと関わることを恐れていては、良好な関係性の構築はできません。

良好な関係性があれば問題は解決するけれど、まだ関係性が出来きっていない、そんな時にも役に立つのが、ＫＰＴなんです。


ちなみに、既にメンバーとの関係が悪いと感じるリーダーでも、ＫＰＴを通じた関係性の改善は期待できます。


ＫＰＴを用いたふりかえりは、チームの課題について、「あなたはどう思う?」「あなたはどう感じた?」をメンバーそれぞれに発表してもらう形になります。

つまり、メンバーの承認欲求の充足がある程度見込めるわけです。

認められたいという、誰もが持っている欲求を充たせるのですから、少なくともその場は好ましいと捉えられる可能性が高いのです。


また、関係が悪い、嫌われている、と思っていると、無意識に距離を置いてしまったりしますが、リーダーとしてはそれはいただけません。

リーダーが引いてしまっては、関係は悪くなるばかりです。

自ら歩み寄る勇気を持ちつつ、毅然と振る舞うべきだと思います。

第3章

「KPT」でPDCAは回る

なぜかうまくいかないPDCA

日々の改善は難しい？

「ビジネス環境は日々変化しており、その中で生き残っていくためには日々の改善が必要である」

これに異を唱える方は、いないでしょう。

そして、日々の改善を行うための代表的な思考フレームに「ＰＤＣＡ」があるのは皆さんご存じだと思います。

ＰＤＣＡとは、「Plan」「Do」「Check」「Act」のそれぞれの頭文字をつなげたものです。「計画」し、「実行」し、「評価」し、「改善」することで業務の改善を図ろうという考え方で、計画から改善までをひとつのサイクルと捉えます。

このサイクルを回し続けることが企業としては欠かせないことで、チームリーダーも、

PDCAサイクルとは

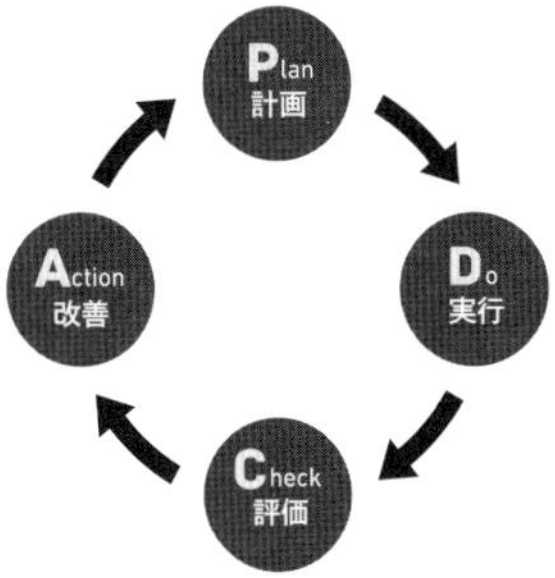

有効なのは誰もが認めるのに
なぜか上手に回せない

チームリーダーのレベルでＰＤＣＡを回すことが求められます。

どんなリーダーだって、このＰＤＣＡサイクルを回すことが有効であり、やったほうが良いとは思っているでしょう。

にもかかわらず、ＰＤＣＡを回せていると自信をもって言えるリーダーはそう多くはいません。

では、なぜＰＤＣＡサイクルを回せないのでしょうか？

その原因の１つは、「ＰＤＣＡサイクルを回したことが無いから回せない」というところにあります。

個人として、無意識的にＰＤＣＡを行え

ているリーダーはそれなりにいらっしゃいます。

自分なりにPDCAとは意識せずとも、結果的にPDCAを回したから仕事で成果を上げられて、それが評価されてリーダーになる方が多いからですが、こと部下に対してやチームとしてPDCAを回すとなるとそうはいきません。

計画は現実的なものでしょうか？

どのように実行するのか具体的に明示できているでしょうか？

いつ評価すればいいのでしょうか？

チームメンバーの納得は得られているでしょうか？

少なくとも、これくらいは明確に即答できなければPDCAサイクルを回すことなど不可能です。

PDCAサイクルを回すのが難しいのは事実ですし、回せるようになるのは難しそうに思われるかもしれません。

しかし、KPTを行うことで、自然とPDCAは回り出すのです。

ＰＤＣＡと相性が良いＫＰＴ

長期でＰＤＣＡを回すのは難しい

前項で触れましたが、ＰＤＣＡとは、Plan（計画を立てる）→Do（実行する）→Check（実行した結果を評価する）→Act（よりうまくいくように改善する）というサイクルを回して、これまで以上の成果を出そうというマネジメント手法の１つです。

広く世間に浸透している考え方ですので、聞いたことがある人が多いと思いますが、「ＰＤＣＡサイクル」の、１サイクルは、どれぐらいの期間で回すべきだと思われるでしょうか。

このように聞くと、１年とか、半年、短い場合でも３ヶ月ぐらいを思い浮かべる方が多いようです。

確かに半年以上の長期のサイクルで改善を行うことも必要ですが、このように長期のサイクルを回すのは、じつはとてつもなく難しいのです。

３ヶ月スパンのＰＤＣＡですら、サイクルを回すためにはかなりの慣れがないと難しいでしょう。

ＰＤＣＡサイクルを回せるようになるには練習が必要なのです。

ＰＤＣＡを回す練習としては、１週間から始めてみるのがオススメです。

１週間の計画を立て、その計画に基づいて活動し、１週間後にふりかえりを行い、そこでの改善のアイデアを次の計画に反映するということを繰り返していけば、次第にもっと長い期間でＰＤＣＡを回せるようになってきます。

このふりかえりに用いるのが、「ＫＰＴ」です。

何が良くて、何が問題なのかが具体的に見える化でき、それらをどう改善するかが明示され、合意形成まで行えるＫＰＴは、ＰＤＣＡを回す際に極めて役に立つフレームなのです。

「C」「A」を加速させるKPT

ＰＤＣＡでのふりかえりと、ＫＰＴはとても相性がいいのです。

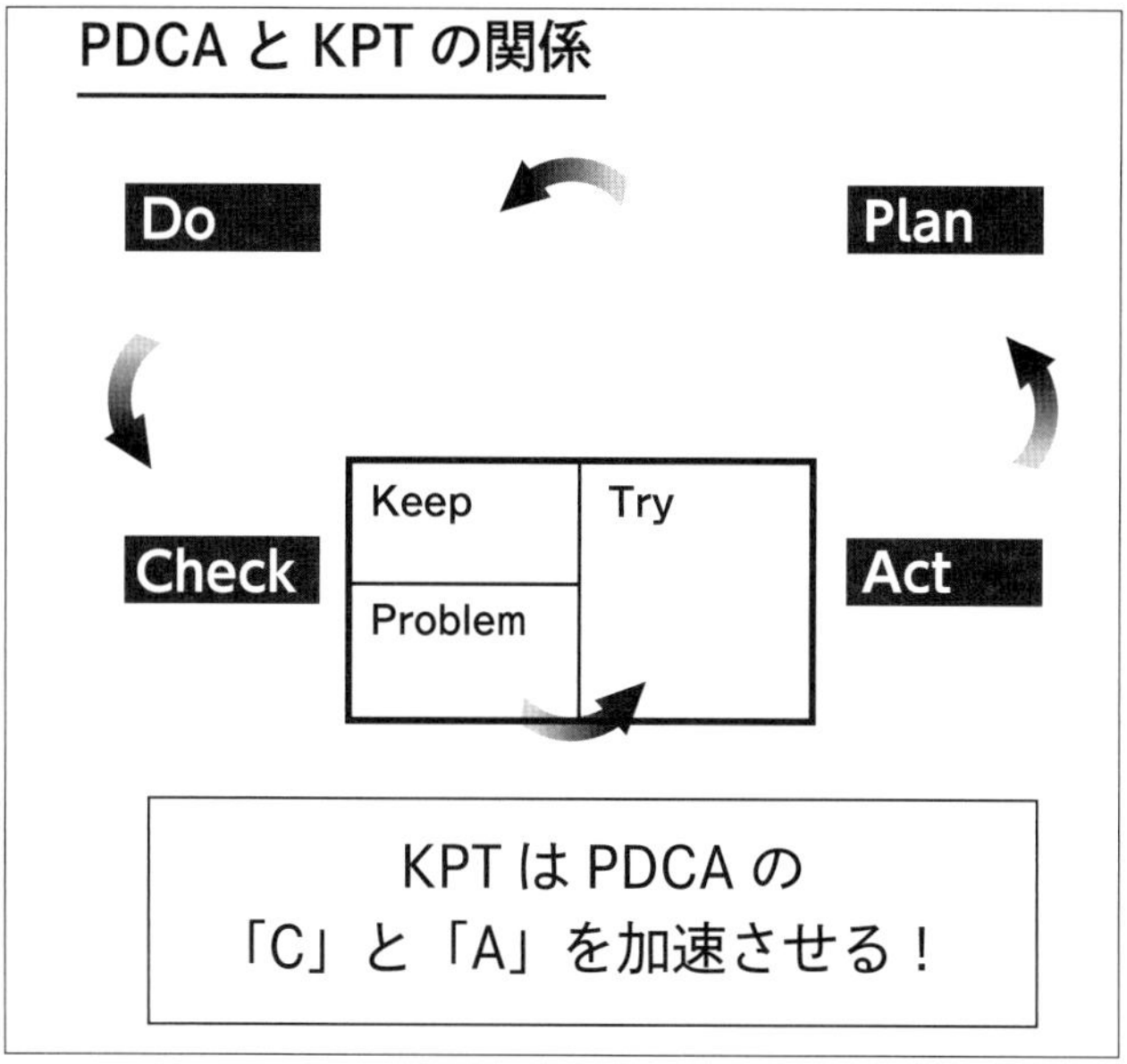

上図は、ＰＤＣＡとＫＰＴの関係を示したものです。

何かしらの作業をしたら、「何がよくて今後続けていきたいのか」という観点でKeepを挙げ、「何が問題で改善すべきか」という点でProblemを挙げます。そして、「次に向けてどのような改善をすべきか」をTryとして挙げていきます。

ＰＤＣＡのＣは「Ｋ」と「Ｐ」、Ａは「Ｔ」に相当します。ＫＰＴを行うことで、CheckとActが自然とスムーズに行えるようになるのです。

「CAP—D」で始めてみる

KPTから始めればPDCAは回り始める

何回もお伝えしていますが、PDCAは、「Plan」「Do」「Check」「Act」のそれぞれの頭文字を順につなげたものです。

ですから順番どおりに、すなわち、一番最初に「Plan：計画」を行うことになるケースが大半です。

計画を立てなければ実行できませんし、その後のフェイズも続きませんから、当然のことのように思われるでしょう。

ですが、実はそこに落とし穴があります。

有益な情報がない中では、有効な計画を立てようにも立てられません。

現実的ではない計画になってしまう、と言ってもいいでしょうか。

つまり、PDCAの最初のPの段階で、そもそも実現性の低い計画を立ててしまうがゆえに、そこからサイクルを回そうとしてもうまくいかないのです。

では、どうするか？

簡単です。

KPTを使ってふりかえることから始めればよいのです。

前項で、KPTはPDCAのCheckとActに相当すると説明しました。

まずは、これまでどうだったのかをKeepの視点、Problemの視点で確認し、次はどうすべきかTryとして改善策を考え、それらを踏まえて計画を立てれば、これまでの実績に基づき、改善策を盛り込んだ現実的な計画を立てられます。

その後、計画に基づいて実行していけばよいのです。

ただし、計画を立てる時には、期限を明確に決めるべきです。

いつ、どのような状態になっているかが明確になっていないと、次にふりかえる「きっかけ」が作りにくくなります。

また、期間が長い場合は、途中で小さくふりかえる「きっかけ」となるようにチェックポイントを設けるとよいでしょう。

ほとんどの人が、締切に向かって仕事をしていくと思います。

ちょっとニュアンスを変えると、締切が近づいてから仕事を始めて、締切の直前で仕事を終わらせているということです。

「締め切りの無い仕事はできない」というやつですね。

締め切りを設けることは、重要なのです。

チームでＰＤＣＡを回すということ

リーダー対チームになっていないか

当たり前の話ですが、より良い成果を目指してチームでＰＤＣＡサイクルを回すことにおいても、メンバーではなく、チームリーダーに最も大きな責任があります。

さて、リーダーは、どのようにしてチームのＰＤＣＡを回せばよいでしょうか。

一般的なチームの仕事の進め方としては、次のようなものでしょう。

①リーダーとしての責務を果たすべく、完ぺきな計画を立てる
②キックオフミーティングなどで、その計画をチームメンバーに伝える
③メンバーの作業が問題ないか定期的にチェックする

私も、初めてリーダーになった時は、このように進めるべきだと思って、時間を捻出し

て計画を立て、伝え、進捗を確認していました。

しかし、そうやってみても、どうもメンバーとの温度差を感じたり、空回りした感じがしたりといったことが常にありました。

まず、自分が立てた計画に自信が持てません。

リーダーである自分が時間をかけて作ってはいますが、計画どおりになるのか正直わかりませんし、これまでの経験で１００パーセント計画どおりに進められたことなんてありません。

次に、計画を伝える段で、メンバーに正しく伝わったのか、齟齬無く理解してもらえているのか確信できません。

また、特定のメンバーからは、「面倒くさい」「やりたくありません」オーラが出ているかのごとく拒否反応もあり、伝えるだけなのにこんなにも精神をすり減らす必要があるのかとイラついたこともありました。

そして、しばらくして進捗を確認すると、伝えたつもりのことが伝わっていません。作業の優先順位が異なることは頻繁に起こりますし、異なる成果物を作っていることすらありました。

伝わったとしても、作業が遅れることだらけです。

確認ばかりするのも要注意

このような状況を改善すべく、進捗を確認する頻度を上げると、今度はメンバーの作業する時間が減るのもありますが、何よりもリーダーである自分が作業をする時間が極端に減ってしまい、会社に来ている間はずっと進捗を確認しているような状態になってしまいました。

頻繁に進捗を確認されるのは、メンバーとしては「信頼されていない」「叱られている」というふうに感じることも多かったようで、リーダーとメンバーの距離はいっそう離れていってしまいました。

リーダーとメンバーの信頼関係が崩れ去ってしまっていては、チームの運営、マネジメントを行うことは難しいですし、カイゼンなど夢のまた夢です。

しかし、多くのビジネス現場で、未だに数多く見られる状況でもあります。

チーム全体で計画を立て、実行していく

リーダーとチームメンバーは、本来対立する関係ではなく、同じゴールを目指す仲間であるはずです。

同じゴールを目指すのだから、計画もチーム全体で考えるほうが自然です。

なのに、そうできていないから、リーダーとチームメンバーの間に溝ができてしまうのです。

リーダー、すなわち「導く人」として、ゴールを設定することは重要ですが、そのゴールに到達するために、どのようにすればよいかは、リーダーも含めたチーム全員で考えるほうが絶対に良い結果に結びつきます。

とはいえ、いきなり平場でチームメンバー全員で計画を考えようといっても難しいので、何のための活動か、どのような方針で進めていくかなどの、ある程度の計画のたたき台を

作って、それをもとにチームと話をしながら、計画を詰めていきましょう。
チームで作った計画であれば、〝やらされ感〟が少なく、これまでは「あなたの計画を、私たちが遂行してあげている」だったものが、「私たちの計画を、私たちが遂行する」に変わっていきます。

部のイベントにほとんど参加しない人に、当番でイベントの幹事が回ってきた時の話です。

事前の出欠を取る際に、欠席表明をした人に詰め寄るということがありました。参加する側から、企画する側に回ると、こうも考え方が変わるのかと驚いたことがあります。

欠席表明をした人に詰め寄るというのはやり過ぎにしても、このように、企画や計画を行うというのは、当事者意識が芽生えるよいきっかけになります。

チームでPDCAを回すためには、まずチームメンバー全員に〝自分ごと〟として計画を捉え、活動してもらう必要があるのです。

第 4 章

実践・応用「KPT」

ＫＰＴのポジティブイメージを構築する

ＫＰＴを前向きに捉えさせる

カイゼンに関わらず、長期に渡る継続的な活動をしていく場合は、特に初めが肝心です。初めに失敗してしまうと、そのあとが続かなくなり、立て直すための多大な労力が必要となってしまいます。

また、最初に悪い印象を持ってしまうと、その印象を取り除くのは難しいものです。しかし、初めに成功体験を得て、「活動すれば何かしらの良いことがある」と納得すれば、努力してでも活動をしようとします。

ですから、ＫＰＴを導入する際も、とにかく早くチームが成功体験を得られるように考えましょう。

どんなに小さな成功でも構いません。

むしろ、大きい成功体験を狙うと、その分、失敗するリスクも高くなるので小さい成功を拾うほうがオススメです。

チームメンバーが、自分たちにとって改善することにメリットを感じられる、身近な対象に対して、ＫＰＴでふりかえりましょう。

会議が改善されたら結構うれしい

ほぼすべての会社において、会議は行われています。

必要だと考えているから行われているものですし、実際に重要で、効果を上げるものもあります。

しかし同時に、ただ定型の報告を行うことに終始するような会議のほうが多いケースが散見され、それをムダだと感じている社員も数多くいます。

みなさんも経験があるのではないでしょうか？

会議を主催する側はムダとは思っていないのでしょうが、参加する側にとってはムダでしかなく、いらだちを覚えさえする。

このような、捉え方にギャップがある状態は、改善の余地があるということです。

そして、誰もが身近に実感できることですので、ＫＰＴを導入する際、手っ取り早く成功体験を作るには、この「会議」がうってつけの題材です。

進捗報告の会議をはじめとして、定期的に開催される会議は意外と多いものです。

そして、このような会議にムダが潜んでいるとなると、開催のたびにムダを重ねていることになります。

塵も積もればで、非常に大きなムダが生じているというわけです。

参加者が多ければ、なおのことです。

参加者の多い会議のムダを少しでも減らすことができたら、うれしいと思う人は多いはずです。

10分でできる定例会議のふりかえり

定例会議のふりかえりを行うにしても、いきなり大勢の前で「ふりかえりをしましょう」「ＫＰＴでやりましょう」と言っても、それらの説明をすることから始めなくてはなりません。

そうすると、始めるまでに時間もかかりますし、「それで効果があるのか？」などと返されてしまい、たじろいでしまうこともあるかもしれません。

そこで、参加者に細かく説明せずに、まずはシンプルに10分程度で行う簡単なふりかえりを実施してみましょう。

リーダーならば、自身が主催している会議の裁量があるので、自由に進行を変えることができるはずです。

「定例会議をよりよい場にするために、みんなの意見を聞きたい。そのために会議の最後に10分ください」とお願いすれば、否定するようなメンバーはいないでしょう。

もし、それだけの時間も取れないという場合は、よっぽどの理由があると思いますので、その理由を聞いておきましょう。

さて、10分確保できたら、以下のような口上で進行してみましょう。

「皆さん、今日の会議はどうでしたか？　充分に満足できたでしょうか？　皆さんの満足度を知りたいので、手を挙げてください。

すごい満足ならば「パー」、まったくダメダメならば「グー」です。

あとは、満足度に応じて指の数を決めてください。

「せーの」で挙げてもらいますので、まずは周囲との相談は無しで、心の中で出す指の数を考えてください。

ではいきますよ、せーの」

この時、全員が「パー」を出すということは、まずありません。

必ず何人かは、指が1本とか、4本を出していることでしょう。

パーではない、つまり、満点ではない人たちに、「その数にした理由を教えてください」と聞いてみると、様々な意見が出てくると思います。

仮にパーを出す、つまり、会議に満足しているという人がいても、「お、いいですね！どこが良かったと思っていますか？」と聞くことで意見を拾えます。

また、リーダーとメンバーの関係性の構築が出来きっていない状況では素直な意見は出てこないのでは、と思われる方もいらっしゃるかもしれませんが、それでいいのです。

大事なことは、「リーダーは自分たちの意見を聞こうとしているのかな？」とメンバーに思ってもらうこと。

指の数で意志を表明する「表明じゃんけん」

「今日の会議の満足度を指の数で表してください」

指の数の理由を聞くことで意見が拾いやすくなる！

そして、「同じ会議でも、他の人は違った捉え方をしているんだ」ということをメンバーに認識してもらうことです。

つまり、リーダーへの信頼を獲得する入り口と、チームとしてカイゼンを行うための価値観の共有のきっかけを兼ね備えているのです。

さて、出てきた意見をホワイトボードなどに、Keep、Problem、Tryに分類しながら書いてみましょう。

そして、次回の定例会議でTryに分類された意見のどれかを試しに行ってみることを提案してみてください。

これで、ＫＰＴを使ったふりかえり会の実

績ができます。

これならば、ほとんど準備がいりませんし、メンバーにも負荷が少ないので受け入れてもらいやすいです。

ちなみに、このように一斉に手を挙げて指の数で意思を表明する方法を、「表明じゃんけん」と呼んでいます。


次回の定例会議には、冒頭の5分と、最後の5分を使いましょう。

冒頭の5分では、前回挙がったTryのなかで試すことにしたものがなんであったかを確認してください。

確認したら、当然その試すことを会議に適用します。

最後の5分では、試して効果があったかどうか、参加するメンバーの意見を聞いてください。

そして、効果があったという意見が多数であれば、会議だけではなく、仕事の進め方についてふりかえる時間を取って話したいとお願いし、時間を確保してください。

経験則として、仕事の進め方についてのふりかえりの理想的な時間は1時間程度です。

ＫＰＴを用いたふりかえり

基本的な進行を押さえる

簡単なＫＰＴを使った会議のふりかえりを通じて、「これはいいぞ」とメンバーに思ってもらえたら、仕事の進め方や業務について、本格的にＫＰＴを使ったふりかえりに取り組んでみましょう。

ふりかえり自体にある程度時間をかけるか、時間をかけないかは選択できますが、そこにはリーダーと参加メンバー両者の慣れも関わってきます。

まずは基本的な要素を漏れなく知っていただくためにも、漏れなく、しっかりと実施する場合の進め方を紹介します。

また、参加する人数が増えると当然意見も増えますので、共有や選択にかかる時間も、そのぶん増えると考えてください。

参加人数が少ない場合は、同様の理由で必要になる時間も減ります。

グラウンドルールの例

① 積極的に話すこと
・当事者意識を持つ
・議題に集中すること

② １人で話しすぎないこと
・人の発言をさえぎらない
・話していない人にも想いあり

③ 原因の追及はしても、責任の追及はしないこと
・「問題対私たち」で
・自己弁護は不要

みんなで決めたルールを
見えるようにしておこう

①アジェンダを確認する

ＫＰＴを用いたふりかえりの進め方について確認します。

時間や、目的、付箋紙などの使用ツールなども含め、初めに確認します。

②グラウンドルールを確認する

このふりかえりに参加する人が守るべきルール（グラウンドルール）を確認します。

グラウンドルールとは、もともとは野球やサッカーなどのスポーツで、グラウンドにいる全員が守るべきルールという意味です。

上の図はグラウンドルールの例です。

このようなルールを現場で決めておき、これを印刷して、ふりかえり中に、参加者から見えるところに貼っておきます。

会議の冒頭で、貼ってあるグラウンドルールを説明して参加者の合意を得ておけば、ルール違反が減るので効率的に会議が運営できます。

また、ルール違反者が出た場合も、誰となくグラウンドルールの紙を指せば、ルールから外れていることを当人に知らせることができます。

グラウンドルールについては、次項で詳しく述べていますので参考にしてください。

③テーマを決める

ふりかえりでは、〝テーマに向かって〟ふりかえるのが鉄則です。

そのためにも、まずはテーマを決めなければなりません。

現在、チームの中で課題となっていることがあれば、それをふりかえりのテーマとします。

特に課題となっていることがなければ、「よりよく作業を進めるには」などといったテーマにするといいでしょう。

可能であれば、「〇〇について、より効率的に作業を進めるには」など、対象を絞ったほうが具体的で有益な議論になりやすいです。

テーマは、そのふりかえりで何を話すのかを示す、大切な項目です。テーマが定まっていなかったり、あまりに広範なものだったりすると、話が脱線しがちになります。

しかし、ふりかえりの貴重な時間なのに、テーマを決めるのに時間をかけ過ぎてしまって、KPTを検討する時間が無くなってしまうのはナンセンスです。

テーマ設定に時間がかかるようならば、先ほどの「よりよく作業を進めるには」のように、メンバーから否定的な意見が出にくいと思われるテーマを、リーダーが設定してしまいましょう。

このように、初めてKPTを行う際などテーマ設定に時間がかかるケースでは、リーダーがテーマを設定してもよいのですが、「何について話すのか」にも合意が形成されていたほうが、メンバーのやる気も増します。

慣れてきたらチーム全体で話し合ってテーマを決めるようにしましょう。

④前回から今回までの活動を確認する

初めてKPTを使ったふりかえりを行う際は、④〜⑦は省略してください。

前回のふりかえりから、今回のふりかえりまでの間に何をしてきたか思い出します。チームの予定表や個人の手帳など、思い出すためのきっかけとなるものがあれば、それを用意するとよいでしょう。

⑤前回の Try を確認する

前回試すことに決めた Try がどうだったのかを確認します。

実施して効果があり、今後も継続して実施していくのであれば、その Try は Keep に移し、実施しておらず、次も実施する可能性があるならば、そのまま Try に貼ったままにします。Try に貼られている中で、今後実施する予定の無いものは剥がします。

⑥前回の Problem を確認する

Problem に貼られている中で、解消されている問題を剥がします。

Problem に対して Try を出している場合は、その Try が Keep に移動できたならば、

Problem、つまり、前回問題として挙げた事項は解消されていることでしょう。

⑦前回のKeepを確認する

Keepに貼られている中で、すでに行動として定着しているものは貼り出しておく必要が無いので、剥がしてしまいます。

チームは常に成長を続けていきますし、チームを取り巻く環境も変わっていきます。

そこで気をつけたいことは、以前はKeepであったよい行動が、現時点では足かせになってしまっていることがあるということ。

稀なことではありますが、そのようなKeepは、剥がすか、Problemに移動します。

⑧Keepを付箋紙に書く

うまくいって、次も行うべき行動を付箋紙に書いてもらいます。

「よかったこと」「うれしかったこと」などでも構いません。

「〇〇さんの挨拶が元気が良くて気持ちがいい」というのも、Keep足る立派な意見です。

そんなこと、と思われるかもしれませんが、特に慣れるまでは、「うまくいったこと」

はなかなか出にくいものですし、慣れてからでも、チームの雰囲気をよくすることに非常に役に立ちます。

自分自身が行なったこと以外に、他の人が行なったことも書いていいのだということを、予め伝えるようにしましょう。

自分では当たり前と思っていることは、行動として認識できていないことが多いので、Keepとして挙げるのは難しいですが、他人からはその違いに目が留まるものです。

また、付箋紙に書く時は、無言で書くよう周知します。

先のグラウンドルールに付記しておいてもいいかもしれません。

話をしながら書くと、周りの人がその話を聞いてしまって、周りの人の考える時間が失われてしまいます。

また、話を聞かされた周りの人の思考に影響を与えてしまうことで、その話の方向に引っ張られてしまい、出てくるはずのアイデアが出てこなくなるかもしれません。

たとえば、Aさんはある作業の進め方について肯定的に捉えていたとします。

しかし、Bさんはその進め方について否定的に思っており、「あんな仕方してたらダメだよなぁ」とAさんに聞こえるように話したらどうでしょう。

Ａさんはその作業について肯定的な意見を出しにくくなってしまいますよね。

このような状況を避けるためにも、前回のKeep、Problem、Tryを確認する時には、余計な話をせずに、さっさと進めた方が多様な意見が挙がりやすくなります。

⑨ Keepを共有する

⑧でリーダーとメンバーが書いた付箋紙をホワイトボードなどに貼っていきます。
誰かが、自分が書いた付箋紙を１枚選び、読み上げて貼り、必要であれば、書いていないことを口頭で補足します。

ここでは必要なだけ、最低限の補足で済ませて、長々と話してしまわないように注意してましょう。

その他のメンバーで、その意見と同じことを書いた付箋紙があれば、その付箋紙の周りに貼ります。

全く同じ意見でも、「同じ意見の人がいた」ということがわかることにも価値があるので貼るようにしてください。

同様に、次の人、次の人と続けていき、全員の書いた付箋紙がすべて貼りだされるまで続けます。

途中、他の人の意見を聞いて思いついたものがあったら、付箋紙に書いて、自分の番になったら貼る、というようにします。

ここで、大切なポイントが、付箋紙を貼り出す時は、1人1枚ずつ、順に貼っていくことです。

1人が自分が書いた付箋紙をすべて貼り切ってから、次の人が自分の付箋紙をすべて貼って、また次の人が……という共有の行い方は好ましくありません。

初めに貼った人は自分の意見をすべて人に説明しなくてはならないので、人によっては強く負担を感じてしまいます。

また、2番目以降の人は、先に同じ意見を言われてしまう可能性があります。

順番が遅くなればなるほどその可能性は高まり、「同じ意見です」としか言えなくなってしまいます。

せっかく自分の意見を書いたのにもかかわらず、その意見を話せないのは残念なことです。

1人1枚ずつ順に貼ることで、「自分の意見を出した」という気持ちになれるので、より当事者意識が向上します。

通常の会議でよくあるのが、リーダーや進行役など、一部の人しか発言せずに、大半の参加者は聞いているだけになっているというケースですが、これは参加者のモチベーションを下げますし、会議が「ムダ」だと捉えられる最大の要因です。

KPTは、仕組みとして参加メンバー全員が意見を表明することになるので、少なくとも会議に対して最初から参加者がネガティブだという状態は解消できますし、繰り返すほどに、むしろポジティブに捉えられるのです。

⑩ Keepを整理する

どのようなKeepが挙がったのか見ながら、貼る場所を整理します。

同じ領域のものや、類似するものを近くにまとめる、というようなイメージです。

全員で整理するのが理想ですが、KPTを行っているホワイトボードなどの前は狭いので、2〜3名が代表で整理するのがよいでしょう。

リーダー自身が整理する場合、特に気をつけたいのが、メンバーの想いを無視して独断と偏見で整理しないようすることです。

「この意見って、これに似ているかな?」などと問いかけるなどしてきちんとメンバーの意思を拾うようにしましょう。

「いや、むしろコッチのほうが近くないですか?」など返してもらえるようになったら、かなりいい感じですね。

整理しながら見直して、意味やニュアンスがわからないものがあれば、あらためて訊いてみましょう。

また、話をしている中で、新たなKeepが挙がることがあります。

このように、話の中で新たな意見が出たら、誰かしらが付箋紙に書いて貼ります。

せっかく挙がった意見は、どんなものでも流されてなくなってしまわないようにしてください。

⑪ Problemを付箋紙に書く

問題として認識していることや、将来的に発生しそうな問題を書きます。

慣れないうちは、「問題」と言うと、構えてしまって意見が挙がりにくくなってしまうので、「困っていること」「工夫の余地がありそうなこと」「不満に感じていること」のように言い換えたほうが、気軽に意見を挙げやすくなります。

ここでの注意点は、「〇〇をしていない」といったような行動の否定形を書かないようにすることです。

このようなProblemに対しては、「〇〇をする」というTryが挙がりますが、これは解決策としてのTryの裏返しにしかすぎません。

「〇〇をしていない」ことによって、「△△の不利益がある」はずです。

この「△△」、つまり、「どのような不利益があるのか」がProblemになります。

Problemを書く時には、どうしてもTryが思い付いてしまうものです。

その場合はガマンをせずに、Tryを書いてもよいですが、Tryを書く時間は別に取っていますので、Problemを挙げることに専念してください。

Keepが思い付いた時も同様です。

⑫ Problemを共有する

Problemを共有していきます。

⑪で新たにKeepを書いた場合は、先にそれらを貼りましょう。

Tryを書いている場合は、Tryを共有するタイミングになるまでは、手元に置いておきます。

Problemを共有する時も、Keepの場合と同じように、1人1枚ずつ順に読み上げて貼っていきましょう。

⑬ Problemを整理する

すべてのProblemが貼り出されたら、Keepと同様にそれらを見ながら整理をしていきます。

不明なことがあったら、互いに質問し合ってください。

また、ここで新たなProblemが挙がったら、付箋紙に書いて貼りましょう。

この時によくあるのが、Tryのアイデアをつい話してしまうということです。

しかし、前述したとおり、話を聞いてしまうとその意見に引っ張られ、アイデアの飛躍が極めて起こりにくくなりますので、注意してください。

また、この時に問題の原因を深く追求してしまいがちですが、ここではあまり時間をかけず、あくまで問題点を列挙するに留めるようにしてください。

⑭ Tryを付箋紙に書く

改善策を付箋紙に書きます。

改善策については、「Problemに効く改善策」「Keepをよりよくする改善策」「ProblemもKeepも関係なく、よりよくなる改善策」の3種類があります。

Problemに対してTryを考えるというのは、わかりやすいと思いますし、KPTでなくとも実際に行なわれていることと思いますが、それに加えてKPTでは、Keepをよりよくする改善策を考えることにも、重きを置いています。

ちょっと強引ですが、子供を育てることに喩えると、Problemに対するTryは、子供のダメなところを叱って直すことで、Keepに対するTryは、子供のいいところを褒めて伸ばすようなものです。

Problemに対するTryを挙げるよりも、Keepに対するTryを挙げるほうが一般的に難しいものです。

そのため、Problemに対するTryを挙げてTryの欄を埋めてしまうと、それで安心してしまいKeepに対するTryを考えることを諦めてしまいがちです。

そのようにならないためにも、先にKeepに対するTryを挙げる時間を確保しましょう。その後で、Problemに対するTryを考えるほうが、良い意見が出やすくなります。良かったことを伸ばすためにやるべきことから話すわけですから、会議の空気も良くなりやすく、その後の展開が期待できるわけです。

また、自分の出したKeepや、Problemに対してTryを書いて、そこでアイデアを出すのをやめてしまう人をよく見かけます。

これは、複数の人が集まっている状態を考えると、とてももったいないことです。自分の問題が終わればもう考えない、とならないように、まずは他の人が挙げたKeepや、Problemに対してTryを考えるようにするといいでしょう。

素晴らしい改善策を狙って出そうとしても、なかなか出せるものではありません。「くだらないかなぁ」と思うようなものでもいいので、まずは数多くTryを出すようにしましょう。

突拍子もないような改善策や、些細な改善策、実行性のない改善策でも、挙げていけば数を増やせます。その中から、素晴らしい改善案が出るかもしれません。

⑮ Tryを共有する

Keepや、Problemと同様にTryも貼りながら共有していきます。どのKeepや、Problemに対してのTryなのか、関連がわかるようにKeepやProblemの付箋紙を移動させたり、線で結んだりしてください。他の項目と同様に、人の意見を聞くと、新たな改善策のアイデアが思い浮かぶことがよくあります。貴重なアイデアですので、その場で付箋紙に書いて、自分の番になったら貼りましょう。

⑯ Tryを整理する

貼り出されたTryを整理します。

付箋紙を貼る時に整理しながら貼れていれば必要はありませんが、大量のアイデアが出ている場合などは、見やすさのために、付箋紙の貼り替えを含めて整理します。

また、もう少し説明してほしいものがあれば意見を挙げた人に補足してもらいましょう。

ここで、「対応するTryの無いProblemが無いか」も確認しなくてはなりません。「対応するTryの無いProblem」とは、問題であることは見えているのに何の解決策も提示されていない、放置された状態だということです。

もし、そのようなProblemがある場合は、Problemを放置してもよいか確認し、必要ならばそのProblemに対するTryについて考え、付箋紙に書いて貼ってください。

⑰ Tryを選択する

実際に試してみることを、挙がっているTryの中から選びます。

KPTを複数回行っている場合、前回から残っているTryも選択の対象に含めましょう。

チームとして行なえることは限られています。

あまり欲張ってたくさん選択しても、行動に移せなければ何も変わりませんので、簡単に実施できて、効果のありそうなものをいくつか選ぶようにするとよいでしょう。

また、複数人から多様な意見が出ていると、意見が対立する場合があります。

自分が考えたアイデアはかわいいもので、他の人からああだこうだ言われると、ムキになって反論してしまうということはよく起こります。

しかし、この場で討論を始められても時間がもったいないので、討論になるようならばいったん飛ばして、次のTryに移るようにしてください。

他のTryの中に、それよりもいいアイデアがあるかもしれません。

⑱ Tryをアクションに落とし込む

選択したTryを実行可能なアクションに落とし込みます。

Tryが具体的になっていて、すぐにでも実行できる内容になっていれば問題ありませんが、突拍子もないような改善策の場合は、もう少し具体化しなくては実行できないということがあります。

いつからいつまでに、どうやって行うか、それを実行するために必要なリソースは何か、などは明確にしておきます。

⑲ アクションに合意する

アクションに対して誰が主責任で行うかを決め、チームで合意してください。

合意と同意は異なります。

主責任者を決めて、その人に丸投げしてしまい、その人が困っていたとしても周りが助けないというのは、合意ではありません。

合意とは、同意に加えて「全面的にサポートするという意思」まで含んでいることに注意してください。

グラウンドルールの基本

効果的なふりかえりに欠かせない3つのルール

前項で述べたグラウンドルールについて説明します。

細かい部分は適宜追加していただいてかまいませんが、どんなテーマについて話す時でも共通の基本ルールを３つ紹介します。

①積極的に参加すること

ふりかえりは、ほかの誰のためでもない、自分たちのための会議です。

当たり前のことですが、参加メンバー全員が当事者ですから、議題に集中して臨まなければなりません。

よくある話ですが、「ＰＣを持ち込んで別の仕事をしながら参加する」というのはやめるようにしましょう。

②1人で話しすぎないこと

ふりかえりは、複数の人が集まって過去の仕事の進め方を見直して、改善のアイデアを出す会議です。1人が話しすぎて、まわりの人が意見を出す機会が減ってしまうのは、とてももったいないことです。

しかし、ずっと話し続けている人がいても、その人が話しているのを遮るのもよろしくありません。話は最後まで聞かないと何を伝えようとしているかわからないものです。「今日のお昼はカレーライスを食べま〜」で話が切れてしまうと、「食べました」なのか「食べませんでした」なのか、ハッキリしません。

話している人自身が、話すことを簡潔にまとめて話すように心がけるべきです。「話すことはなるべく簡潔に」などというグラウンドルールを設定しておくのがいいでしょう。

その一方で、自ら話そうとしない人もいます。

何か考えているかもしれませんし、考えていないかもしれません。

このような人から意見を引き出すには、話を振る、話すまで待つなどの対応が必要です。

ＫＰＴは、付箋紙に予め書いてもらって、それを共有するという方法ですので、普段積極的に話さない人から考えを引き出すためのツールとしても極めて有効です。

③原因の追及はしても、責任の追及はしないこと

Problemを挙げ、その原因を探っていく際に、人のせいにして済ましてしまうことがあります。

その場を済ますためには、このような対応も有効かもしれませんが、責任を追及するだけでは絶対に改善されません。

誰かのせいに見えたとしても、それは果たしてフォローできなかったものなのでしょうか？　気づいて、「手伝おうか？」と声をかけることはできないままでいいのでしょうか？

問題が発生したのは、誰か個人のせいではなく、仕組みに問題があったのだと考え、その仕組みに関する問題を生み出している原因を追及していきましょう。

また、責任を追及する気はなくても、相手にとってみれば責任を追及されていると感じてしまうことは往々にしてあります。

このような状態になってしまうのを軽減するちょっとした工夫があります。

「問題対私たち」を作る座席の配置

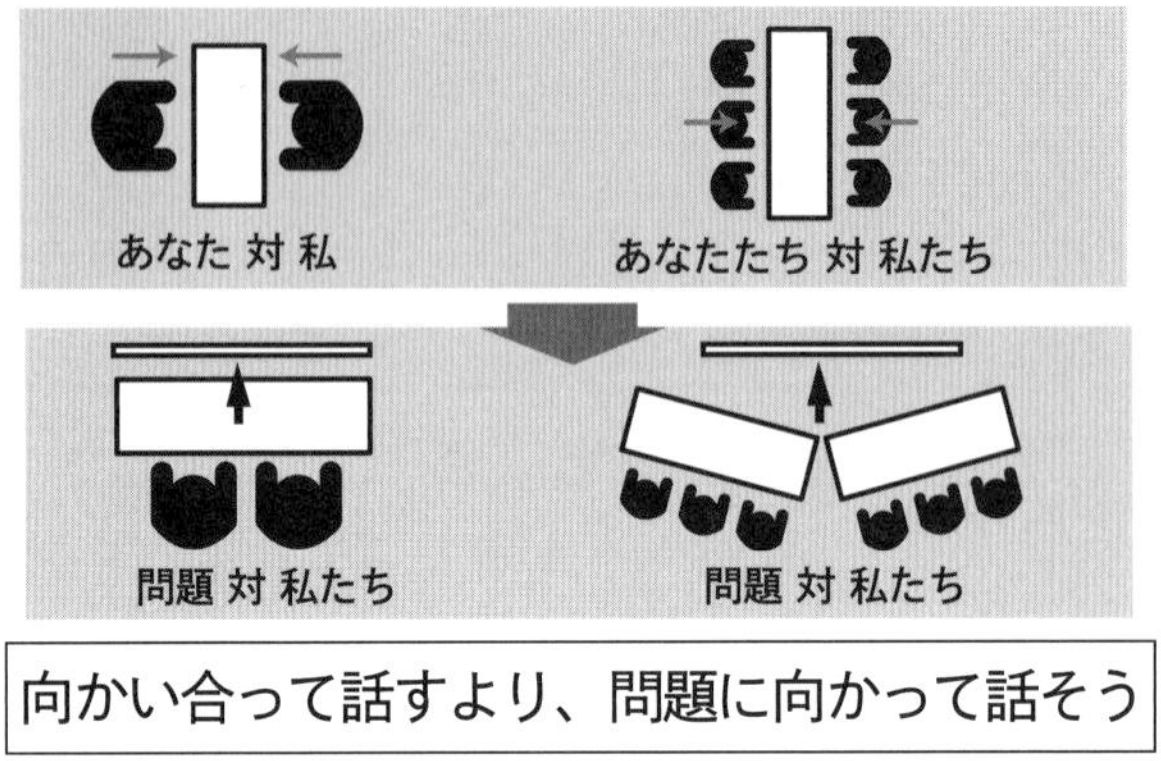

問題対私たちを実現する

ネガティブな印象を与えないために簡単にできて効果的なものが、席の配置を工夫することです。

上の図のように、人が向かい合って話すよりも、問題点を壁などに貼り出し、その問題に対して全員が向かい合うようにして話をすると、建設的な話し合いになりやすくなります。

付箋紙に書いたものをホワイトボードなど壁に貼り出して、それに向かって話をするというのは、この「問題対私たち」の構造が自然にできるようになっています。

責任の追及をしないということがルールになっていれば、自分の身を守るための自己弁護は不要です。

いくら言い訳を話しても状況が改善されるわけではありません。

言い訳を話す時間があるならば、その時間を、その問題となっている状況をチームで共有し、それを改善するためのアイデアを考える時間に当てたほうが建設的なのは言うまでもないですね。

時間をかけたくない時のＫＰＴ

慣れたら手順を簡略化できる

先にＫＰＴの手順と注意点について具体的に説明させていただきました。

基本的に注意すべきポイントは変わらないのですが、リーダーとメンバーがＫＰＴを用いたふりかえりに慣れていくと、手順はかなり簡略化できるようになります。

たとえば、すでに何回か同じテーマについてふりかえりを行って、メンバーも慣れてきて、アジェンダやグラウンドルールの確認などをいちいち行う必要がなくなっていることを前提としています。

①前回の Try と Problem の確認

前回の Try の中で、次も続けたほうがいいものがあれば、その付箋紙を Keep に移動します。

Problemとして扱う必要がなくなったものがあれば取り外します。

②Keep と Problem を付箋紙に書く

Keep と Problem を同時に付箋紙に書きます。
同時と言っても、Keep と Problem を1枚の付箋紙に書くというわけではなく、あくまで記入するタイミングが一緒ということです。

③Keep と Problem を共有する

まずは、Keep から貼っていきます。
ここでのコツも、1人1枚ずつ順に貼っていくことです。
仮に1人で複数の Keep が出せていたとしても、貼るのは一巡につき1枚までとすることで、参加者全員に意思表明の機会が作れます。
Keep を書いた付箋紙がなくなった人はスキップして、参加者全員の手持ちの Keep がすべて貼り出されたら Problem を貼っていきます。

④ Tryを付箋紙に書く

Tryを付箋紙に書きます。

他の人が出したKeepやProblemに対しての改善策を先に考えるようにします。その後に、自分の出したKeepやProblemに対しての改善策を考え、付箋紙に書き出します。

⑤ Tryを共有する

どのKeepやProblemに対するTryなのかを明示しながら、1人1枚ずつ順に貼っていきます。

⑥ Tryを選択する

実施するTryを選択します。

⑦ Tryをアクションに落とし込み合意する

選択したTryをアクションに落とし込みながら、チームで実施することを合意します。

多く出すぎた意見を整理する

取捨選択の指針を知る

ふりかえりの参加人数が多かったり、発生している問題が多かったりすると、それに応じて挙がる意見も多くなります。

意見がたくさん出てくるのはいいことですが、Try に実施することを前提として全ての意見をくみ取ることが難しいのも事実です。

時間は無限にあるわけではなく、限られた時間のなかで意見を選ぶ、つまり、取捨選択をしなくてはならないということは往々にしてあります。

では取捨選択する際の指針を見ていきましょう。

① Problem の分類軸（発生頻度、影響度）

Problem が多く挙がった場合は、その問題の発生している頻度と、発生した場合の影響

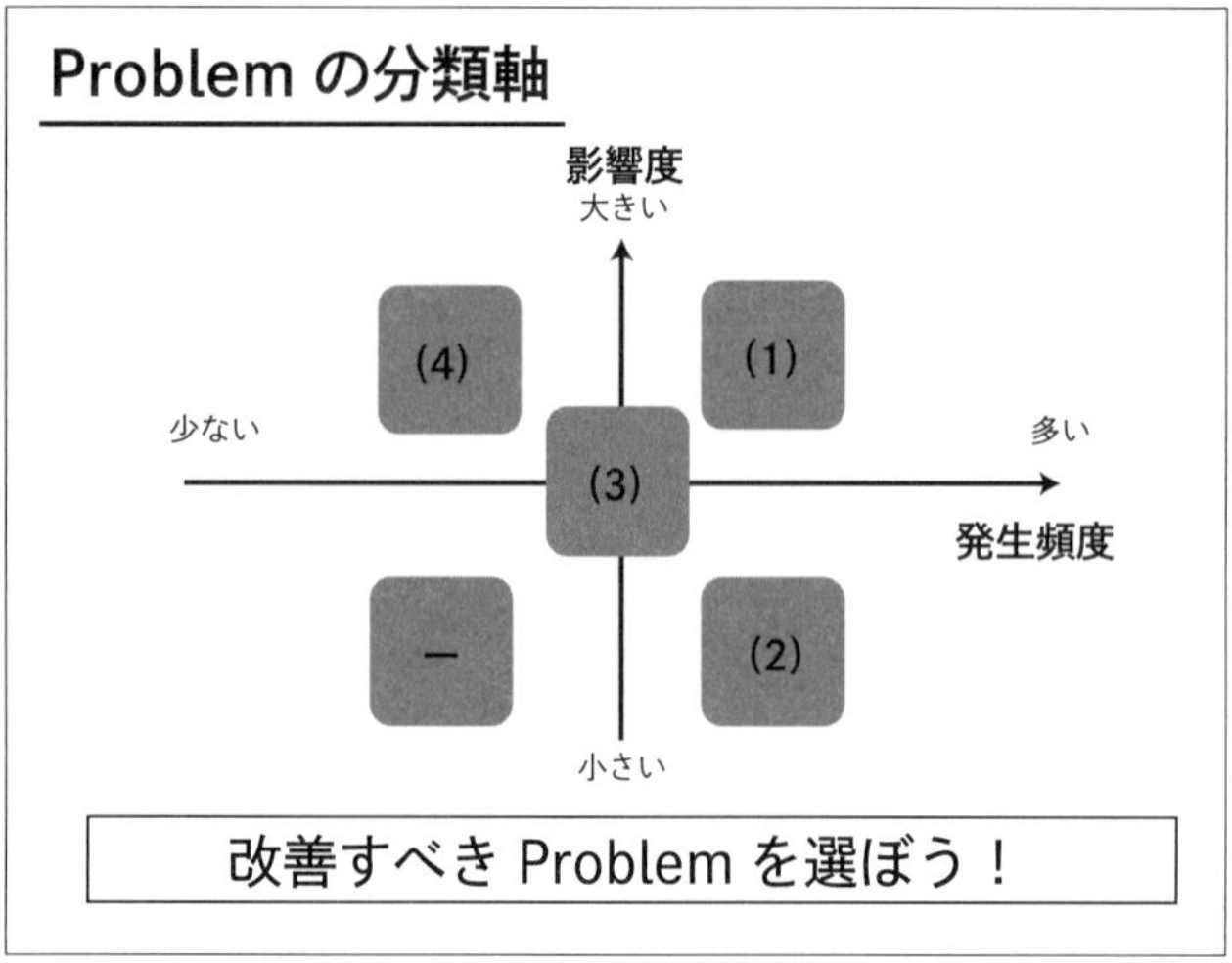

の大きさで分類します。

分類できたら、上の図に示した（1）～（4）の順に選んでください。

今まさに発生していて影響の大きな問題であれば、すぐに対応しなくてはならないのは自明です。

そのProblemに何かしらの対策をしなければいけません。

発生頻度が低いならば、問題が発生した時の影響度が多少大きくても後回しにして、それより影響度が多少小さくても日々発生している問題に取り組むことをオススメします。

日々の小さな問題に対して改善をしていくことのほうが、小さいサイクルのKPTとは相性がよく、達成感を得られやすいです。

Tryの分類軸

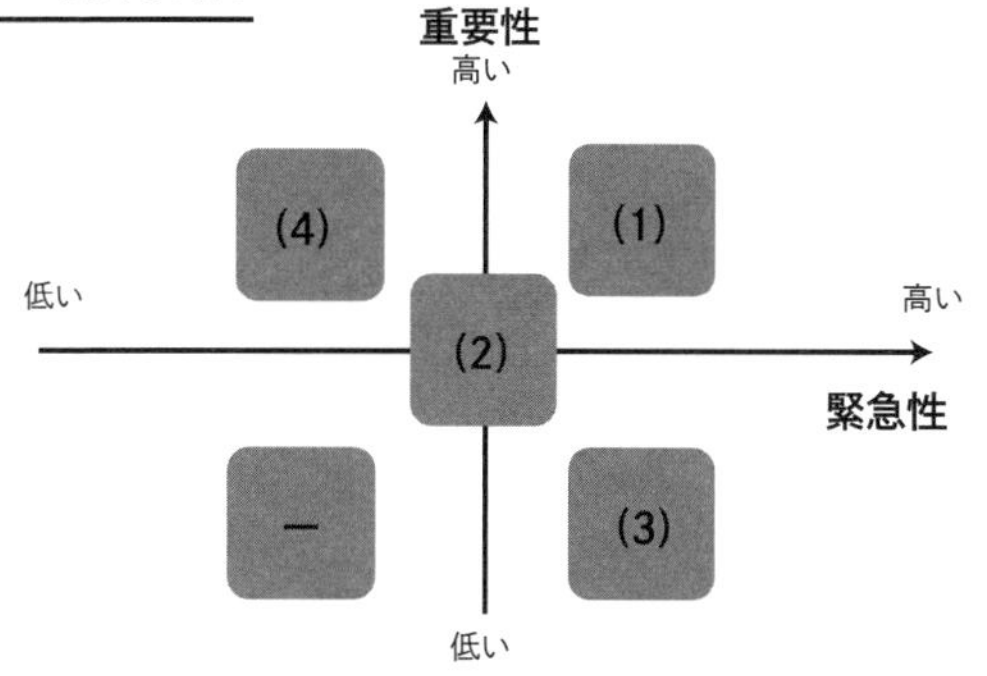

発生頻度が低く、問題が発生した時の影響度も低いならば、それは取り組む必要がないProblemだということです。

ただ、意見に価値がないというわけでは決してありませんので、発表したメンバーに否定的な表現をしないよう、注意しましょう。

② Tryの分類軸（緊急性、重要性）

Tryが多く挙がった場合も、2軸で分類して優先順位を整理してください。

そして、選択する順番は上の図の（1）～（4）の順です。

緊急性が高く、重要性が高いものから選んで、アクションに落とし込んでいきます。

その次は、緊急性と重要度が中間程度のも

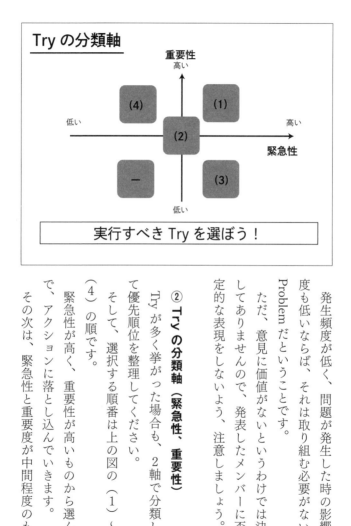

のを選ぶのがオススメです。

緊急性は高くても、重要度が低いTryを選んでも、それを実施していく動機付けが弱くなる傾向があります。

また、重要度が高くても、緊急性が低いようであれば、すぐに手を付ける必要はありません。

時間が経てば、自然と緊急性が高まってきますので、そのタイミングで選んでもよいでしょう。

KPTを実施するサイクルが長すぎなければ、先送りにした結果タイミングを逃してしまうということは、そう多くないと思います。

時間が経って緊急性が高まった時には重要性が落ちているということも十分ありえます。

そういった場合は、対象外としてしまいましょう。

③アクションの分類軸（実行性、実効性）

Tryをもとに具体的なアクションに落とした時に、複数のアクションになることがあり

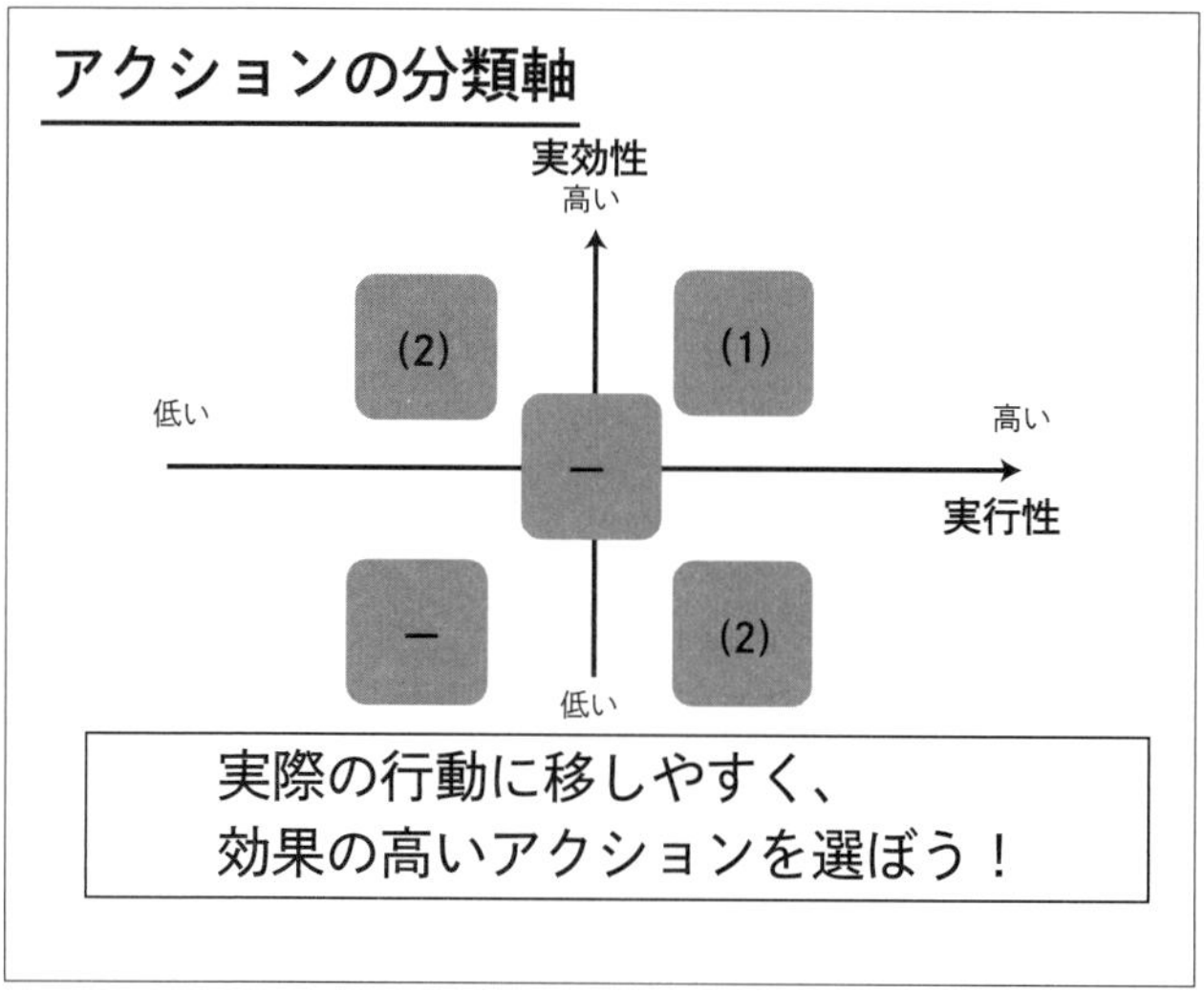

ます。

それらのアクションが独立しており、どちらを行うべきか迷った時は、上の図のように実行性と実効性の2軸で分類してみてください。

どちらも、「じっこうせい」と同じ読みですので整理しておきます。

「実効性」とは、そのアクションを実行した場合に、どれだけ効果があるかという度合いで、「実行性」とは、実行に移しやすいかという度合です。

（1）に分類されるように、実効性も実行性もどちらも高ければ、やりやすく、効果も高いということですから、これを行わないでいる理由はありません。

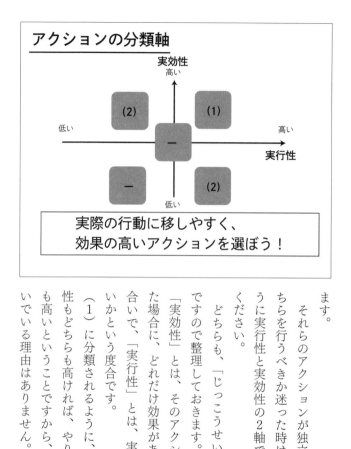

アクションとしては、当然、実効性と実行性のどちらも高いものを選べるよう心がけるべきですが、それが出てこなければ（2）のような、実効性か実行性のどちらか一方のみが高いというものを選択してもいいでしょう。

また、もし、どのアクションも、実行性も実効性も低いようならば、もう一度アクションを検討し直す必要があります。

アクションとして挙げても、実際の行動になって初めて効果が出てくるのは言わずもがなです。

実行性が低く、そもそも行動が起こせなければ何も変わりませんし、苦労して行動を起こしたところで、実効性が低く効果が出ないようならば徒労に終わってしまいます。

これではうれしくありません。

また、分類をしてもなお、どれを選べばよいか迷う時があります。

そんな時は、ふりかえりに参加しているメンバーの感性で選ぶのが一番でしょう。

メンバーたち自身が実際に行動する当事者ですから、少なくとも彼ら自身が選択したことのほうが、前向きに取り組んでもらいやすいわけです。

話し合いで選べない時はドット投票！

ＫＰＴを使ったふりかえりでよくあるのが、アクションを検討するのが終盤なので、予定していた時間が無くなってしまうということです。

話し合っても決められずに、予定していた時間内でまとまらないような状況です。

しかしご安心ください。

時間が無いなどでアクションの分類、検討が困難な時にも素早く選択することは可能です。

それを可能にするのが、１人が複数の投票権を持った多数決方式の「ドット投票」という方法です。

一般的なドット投票の行い方は、投票権の数だけドットシール（カラーシール、丸シールとも呼ばれる）を事前に配布し、自分が賛同する意見の付箋に貼り、最終的に貼られたシールの数で順位を付けるというものです。

シールの数だけ、複数の投票権があるので、自分が強く賛同する意見に対して複数投票

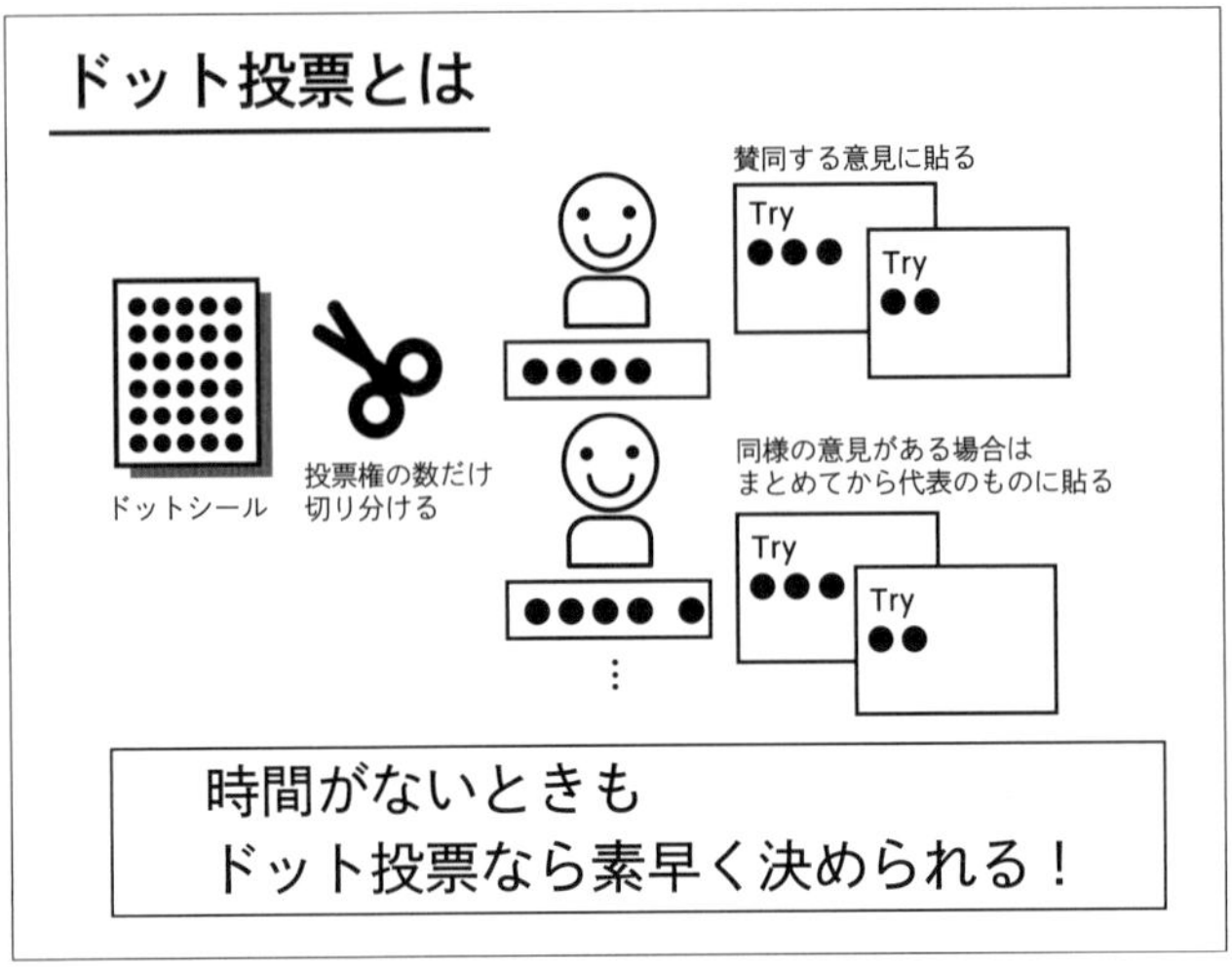

することも可能です。

このドット投票の最大のメリットは、「素早く選べること」です。

デメリットとしては、事前にシールを用意しないといけないことと、他の人がどの意見に賛同しているかが投票が完了する前から見えているので、他の人の意見に引きずられやすいということが挙げられます。

また、他の人の投票の様子を見ながら自分の推したい意見への投票数をコントロールすることが可能なのも大きな特徴です。

たとえば、Aという意見に5票、Bという意見に6票入っていたとします。

あなたにはまだ投票していない投票権が2票あり、Aの意見を推しているならば、その

2票をAという意見に投票することで、順位を変えることができます。

ドットシールを準備していない場合でも、ドット投票は行えます。

細い付箋紙をドットシール代わりに貼ってもよいですし、そのような細い付箋紙が無いならば、付箋紙を細く切っても代用可能です。

ドット投票を用いるような場合には、出ている意見を順に読み上げて、それに賛同する人に投票してもらうという方法は取るべきではありません。

出ている意見の数が多いと、誰も投票しないような意見を読み挙げてしまうなどの無駄が多くなります。

こうなると、短くするはずが余計に時間がかかってしまうのでオススメしません。

以上のようにメリット・デメリットをしっかり理解して、目的や状況に応じてドット投票を活用するといいでしょう。

ただ、あくまで特に時間が押しそうなときなどに保険として用意しておくのがオススメです。

時間があるときはきちんとアクションをメンバーみんなで検討したほうがいいことは言わずもがななので、ドット投票がデフォルトにならないように注意してください。

意見が出ない時の対応策

意見を挙げやすい環境になっているか

意見が多く出すぎて時間が足りなくなってしまうということはそれなりの頻度で起こりますが、その一方で、人がいるにも関わらずあまり意見が挙がらなくて困ってしまう場合もあります。

人が少ないならば、出る意見が少ないのも納得いくのですが、充分に参加者がいるのに意見が少ない場合は、何かしらの対策が必要です。

①グループに分ける

人が多いために周りに遠慮してしまったり、気恥ずかしかったりして、意見を出しにくい状況になっているかもしれません。

このようにならないようにするには、前述したグラウンドルールを再確認してからするというのも手なのですが、複数のグループに分けてしまうというのも1つの方法です。

参加人数で言うと、10人がちょうどその分かれ目です。

10人ならば、ギリギリ1グループでふりかえりを行えなくもありませんが、全員の意見を共有していくのには時間がかかります。

2グループに分けてしまったほうがよいでしょう。

それぞれのグループでひととおりふりかえりを行って、最後にそれぞれで挙がった意見を共有する時間をとります。

グループ内の人数が少なくなることで、意見が出しやすくなっていたら成功です。

ただ、この方法のデメリットは、挙がる意見が少ないからといって、ふりかえりの途中で複数のグループに分けるということが現実的ではない点です。

人数が多く意見が出しにくそうだ、意見が共有しにくそうだ、と事前に感じていれば、ふりかえりを始める前にグループに分けておきましょう。

②テーマを見直す

テーマがチームの現状と離れている時も、意見を挙げにくいものです。

しかし、言い換えれば、「チームの現状にマッチした、よいテーマを設定すれば、意見を挙げやすくなる」ということです。

テーマの設定については、チームの現状にマッチしていることを前提として、継続性のあるテーマ、簡単にはゴールに到達できないテーマを設定することがオススメです。

継続性のないテーマの例としては、「小火《ボヤ》の再発防止」のような過去に発生した問題への対応策を考えるというものがあります。

実際に小火が起きてすぐKPTでふりかえったそうですが、初回のふりかえりではProblemとTryしか挙がらず、次のふりかえりの時には、前回決めたTryが実施できたことを確認するだけで終わってしまいました。

確かに、このテーマでアイデアを出すのにもKPTは使えます。

しかし、ふりかえりとして継続していくことを考えると、その効果を確認することが難しく、テーマとしてはあまり好ましいとは言えません。

簡単にゴールに到達してしまうテーマは、確実に達成でき、達成感も得られますので悪くはないのですが、続かないというのが問題です。

過去に「会議で全員が発言するためには」というテーマでふりかえりを行ったことがありましたが、ここで出たTryはすべて次の会議までに達成できてしまい、次のふりかえりで新たな意見は出ませんでした。

達成してしまうと、KPTの視点で新たに意見を出すのが難しくなり、停滞感が漂ってしまいます。

次のテーマがすぐに決められるのであれば問題ないのですが、、次のテーマをなかなか決められずに、テーマを決めるのに時間をかけてしまい、本来重要なはずの意見の集約や議論にかける時間が足りなくなってしまうことになりがちなので、ご注意ください。

ではどういったテーマがいいのかを具体的に言うと、「業務をよりシンプルに、より素早く行うには」というような、継続性があり、簡単にはゴールに到達できないテーマがいいのです。

「より〜」というのは、現在との比較になりますので、そもそもゴールなどなく、永遠のテーマとなりえます。

しかし、抽象的すぎるテーマだと意見が出しにくいということもありますので、抽象的なテーマが続いたら、具体的なテーマに切り替え、またしばらくしたら抽象的なテーマに戻すなどの工夫をしてみてください。

③意見を引き出す質問をする

テーマの設定もそうですが、問題の設定によって、答えの出し方は変わってきます。

考える方向が問題の設定によって変わる、つまり、質問をすることで思考が変わり、意見が出やすくなるのです。

人は、意識していなくても考えていることが、思った以上に多くあります。

それを引き出す質問をすることで、新たな意見を得ることができます。

以下に、意見を出しやすくする質問の例を紹介しますので参考にしてみてください。

Keepを引き出す質問例

・今後も続けたいことは何ですか？
・どんなよかったことがありましたか？
・なぜ、うまくいった／よかったのでしょうか？
・他の人にちょっと自慢したいことや、褒めてもらいたいことはありますか？
・他の人の「ここがよかった」というところはどこですか？
・前と変えてみたところはありましたか？

Problemを引き出す質問例

・気になることや、困ったことはありましたか？

・何かガマンしていることはありますか？

・「もっとできた」と思っていることは、どんなことですか？

・チームで決めたルールで、守れなかったことはありましたか？

・目標の到達をさまたげることは、どんなことですか？

・ムダと感じることは、どんなことですか？

・理想と感じることは、どんなことですか？

Tryを引き出す質問例

・そのProblemを少しでも改善するには、何をすればよいですか？

・そのProblemをすべて取り払うには、何をすればよいですか？

・そのProblemがなくせないとしたら、何をすればよいですか？

・そのKeepの本質は何ですか？

・そのKeepをよりうまく行うには、何をすればよいですか？

・目標に近づくためには、何をすればよいですか？

うまくいっていないＫＰＴのパターン

ＫＰＴを評価する

ＫＰＴでふりかえった時のよし悪しは、意見の挙がり具合を見ることで客観的に評価することができます。

うまくいっているＫＰＴは、新規の Keep や Problem がほどよく挙がり、それぞれについて Try が検討されたうえで挙がり、多く挙がっている Try の中から、実施すべきことが合意の上で選択されています。

また、前回のＫＰＴで挙がった Problem は解消され、選択された Try は Keep に移動します。

このようになっているかどうかは、ふりかえりで使用する付箋の色を、毎回変えることで、わかりやすくなります。

ＫＰＴはカイゼンにおいて非常に強力なフレームですが、うまくいかないこともあります。

以下に、うまくいっていないKPTの例をいくつか紹介します。

各図の付箋紙は、白いものが1回目の意見、灰色のものが2回目の意見です。

また、Tryが上と下に分かれているのは、上が選択されて合意されているもの、下は選択されなかったものを表しています。

また、KPTで挙がる意見の数は、毎回同じであると仮定します。

①わがままTry

この特徴は、Problemにある意見が、1回目の方が2回目と同等か、それよりも多いということと、Tryにある意見が、2回目の方が1回目よりも多いということです。

Problemは、2回目の意見を出す前に、解消されているかどうかを確認しますので、残っている1回目のProblemが2回目とほぼ同等ということは、解消されていないと判断できます。

また、やると合意されたTryが、1回目よりも2回目のほうが多いということは、おそらく1回目も同じ程度は実施が合意され、実際に行われて、TryからKeepに移動された

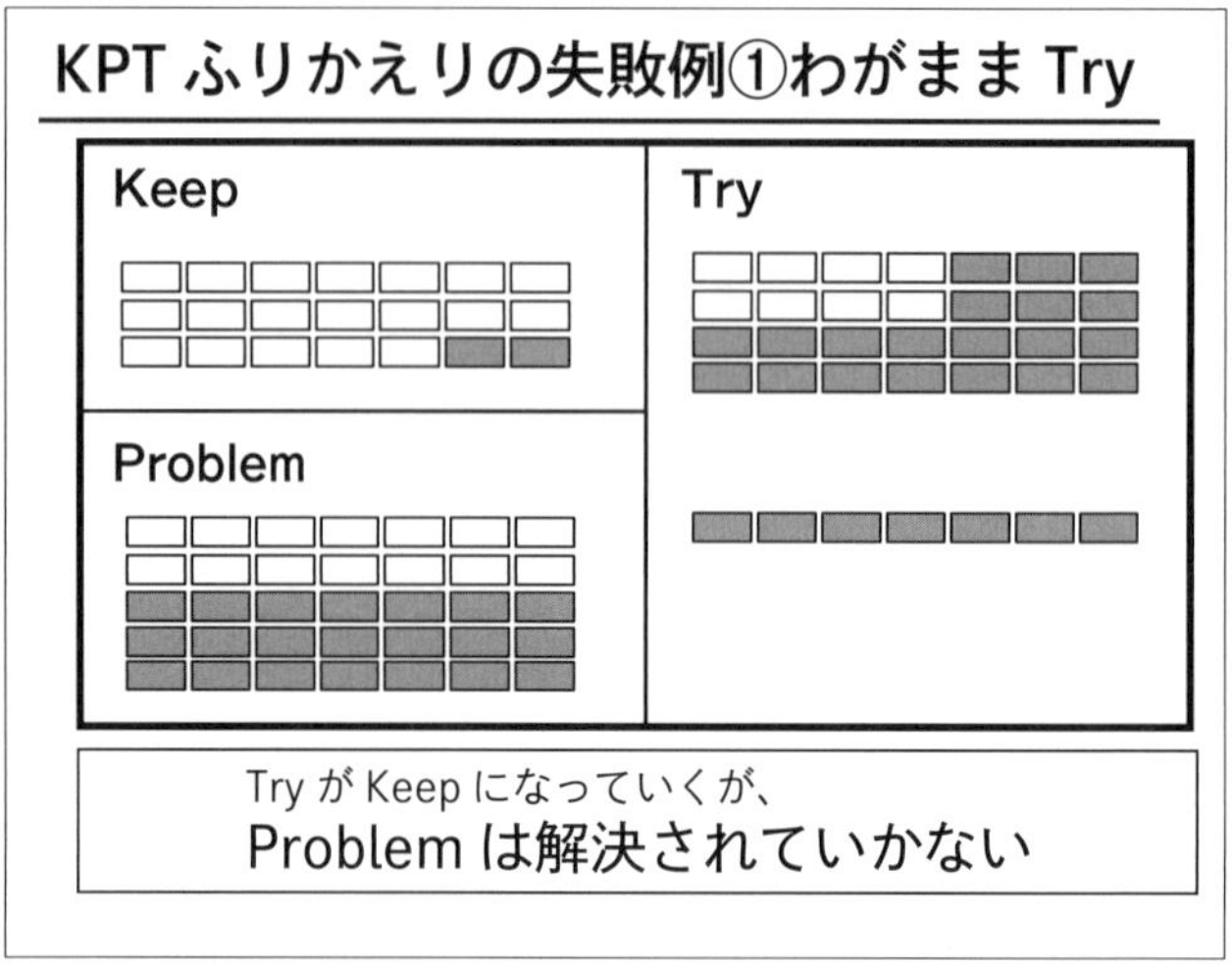
KPTふりかえりの失敗例①わがままTry
Keep
Try
Problem
TryがKeepになっていくが、
Problemは解決されていかない

と考えられます。

この2点を総合すると、Keep、Problem、Tryのそれぞれについて意見が挙がっていますが、ProblemとTryの相関が薄くなっており、チームの中にProblemが多く残ってしまっています。

このような状況は、あまりよいKPTとは言えません。

Tryを挙げる時に、挙がっているProblemについてTryを出すように促すなどの対応が必要です。

②計画先行

この特徴は、KeepとProblemの意見の数に比べて、Tryの意見の数が多いことと、

KPTふりかえりの失敗例②計画先行

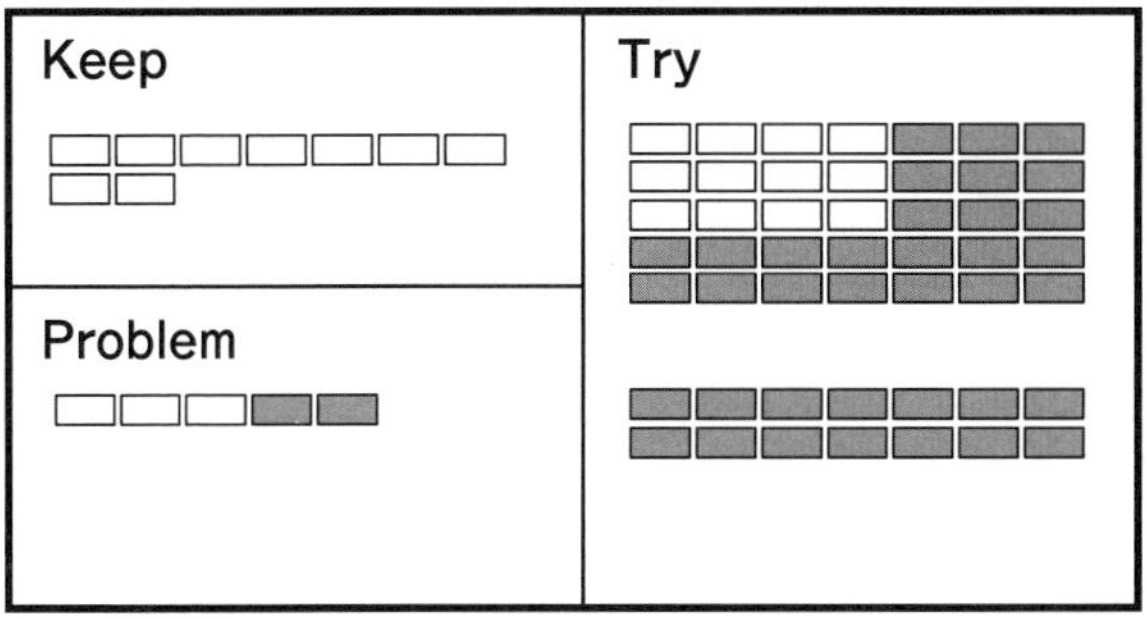

計画的な話ばかりで、
具体的なふりかえりがおろそかになっている

Tryにある意見が、2回目のほうが1回目よりも多いということです。

KeepとProblemよりもTryの意見が多いということは、現状の確認がおろそかになっている可能性があります。

また、やると合意されたTryが、1回目よりも2回目のほうが多いということは、おそらく1回目も同じ程度は実施が合意され、実際に行われて、TryからKeepに移動されたと考えられるのですが、1回目のKeepの意見が少ないので、TryからKeepには移動されなかったと判断できます。

行動可能なTryであれば、実施した結果としてKeepになることが多いのですが、計画的なTryの場合はその計画の有効期間が過ぎてしまえば、その価値が無くなってしまいますので、Keepにはなりにくいものです。

このようなことから、Tryには改善策が挙がっておらず、計画を立てることに時間を使ってしまっていると推測できます。

計画を立てることは大事ですが、改善のアイデアを考える機会を失ってしまったという意味では、もったいない時間の使い方をしてしまっています。

ふりかえりはふりかえり、計画は計画と、目的と時間を分けてそれぞれの会議に集中すべきでしょう。

③言ったもの負け

この特徴は、Problemの意見よりもTryの意見の数が少ないことと、挙がったTryをすべて実施することになっているということです。

Problemよりも Tryの意見が少ないということは、アイデアの発散が行われておらず、ありきたりのアイデアどまりになっている可能性があります。

また、Tryの意見が少ないことと、挙げたTryをすべて実施するということは、Tryを挙げると挙げた本人がアクションまで行うことが前提になってしまっている可能性があり

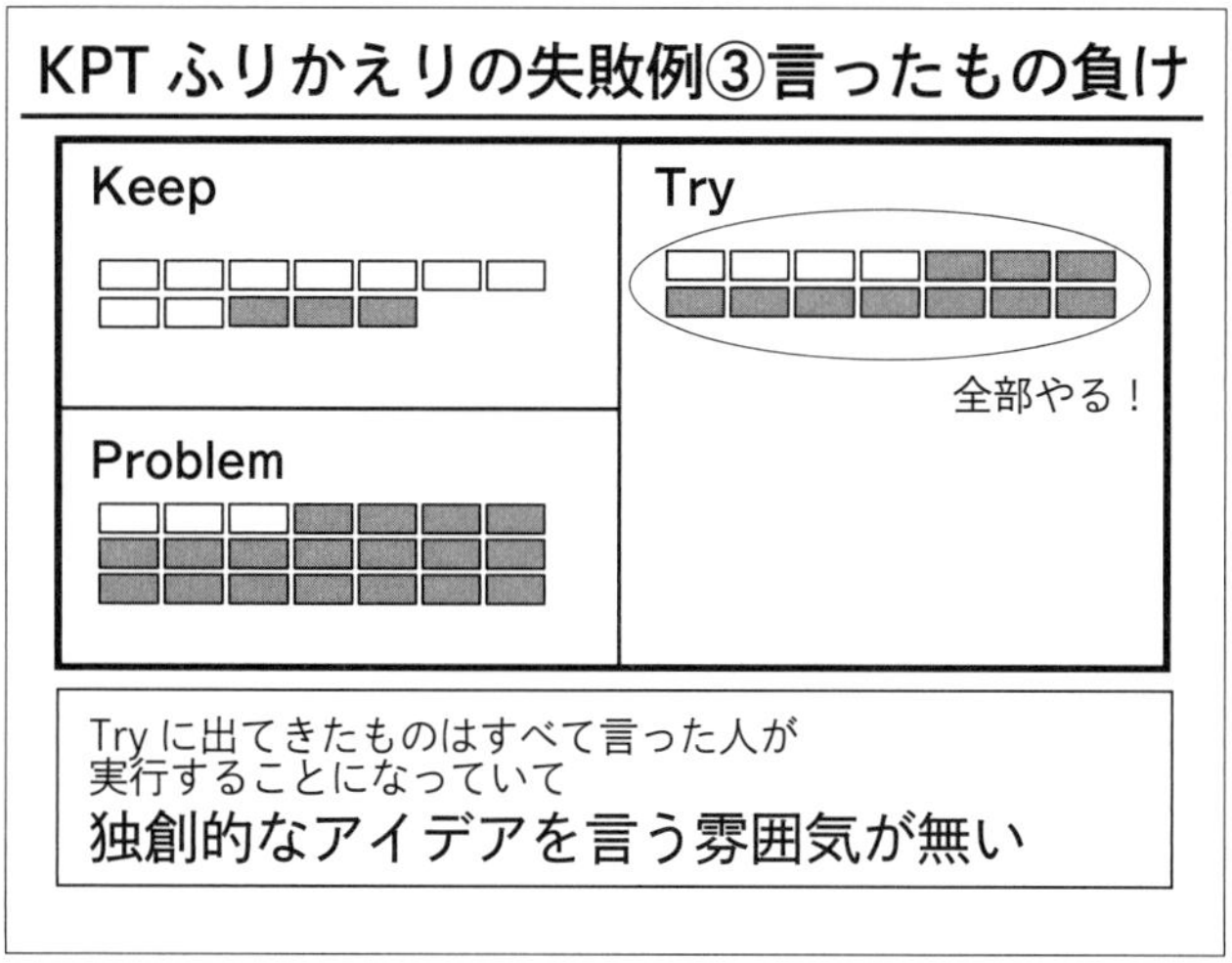

ます。

「チームのために活動する」というのは聞こえはいいですが、「やらなくてもよい仕事をやらされる」と解釈することもできなくはありません。できれば余計なことはやりたくありませんので、「Tryは挙げないほうがいいな」ということになってしまいます。

このような状況を「言ったもの負け」と呼びます。

KPTそのものよりも、ふりかえりを行うチームとしての成熟度が低いことが原因で陥ることが多いケースです。

チームで到達すべき目標、さらには理想のチーム像についてチームで話し合って認識や方向性を合わせるなどの、チームの在り方を見直す時間を早めにとることをオススメします。

あるいは、単に進行がこなれていないだけのことかもしれません。

その場合は、Tryを挙げる時間と、Tryを選択する時間を明確に分け、Tryを挙げる時間ではブレインストーミングの手法を使って、意見を発散させることを目的として多くの意見を挙げるようにしてみましょう。

④救われないProblem

この特徴は、Problemの意見が多いことと、Tryが少なくTryの中から実行に移せるものがほとんどないということです。

Problemを掘り下げていくことでProblemの意見が多くなっているのかもしれません。チームへのプレッシャーが強く、それに応えるために批判的な態度でKPTを行ったために、Problemが多く挙がっているのかもしれません。

どちらにせよ、自律的なチームを育成するためにKPTを使うという考えからは、遠ざかっています。

KPTを使う理由は何か、いま一度確認するとともに、予め時間配分を決め、Problem

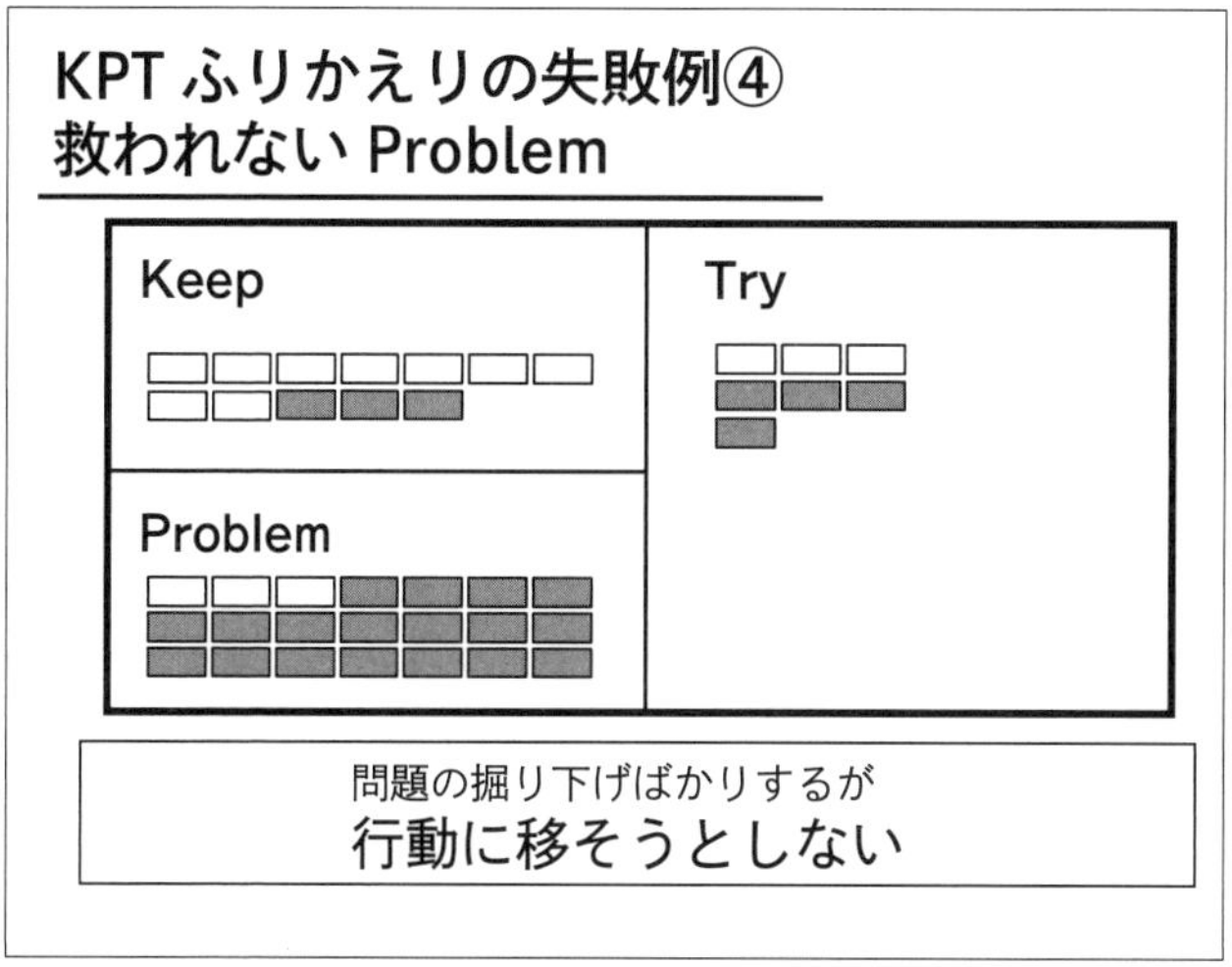

の掘り下げに時間をかけ過ぎないようにするとよいでしょう。

早くTryのアイデアを出すには、解決志向（ソリューションフォーカス）という、問題の深堀りをせずに、望む未来像を手に入れるための解決策を考えることに意識を向けるという手法が適しています。

⑤楽天家／思考停止

Keepばかりを挙げていて、Problemも少なく、具体的な行動につながるようなTryも挙がっていないのが特徴です。

Try→Keepという本来あるべき移動も起こっていません。

このような状況になるのには、主に2つの

KPT ふりかえりの失敗例⑤楽観家／思考停止

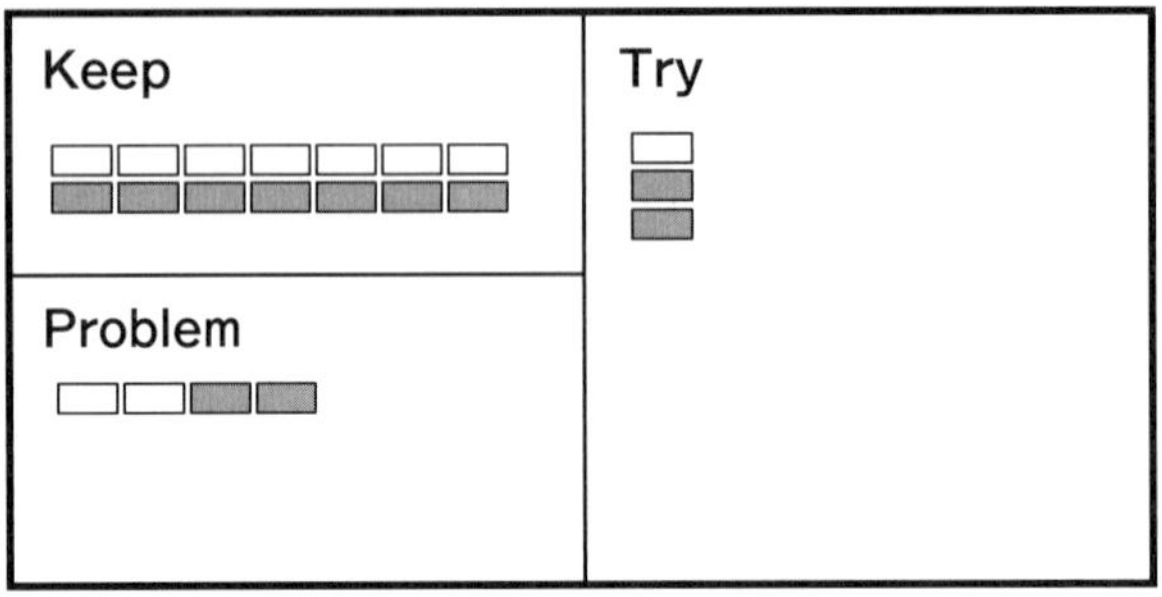

Keep ばかり挙げて、
行動を変えるような Try を出さない

原因があります。

1つは、実際は現状に満足していて、改善する必要がないと思っている場合。

もう1つは、Problemを挙げることによってマイナスの評価をされる場合です。

前者の場合は、高みを目指すような、ややチャレンジングな目標を設定し直してみるといいでしょう。

後者の場合は、そもそもそうした状況が正常なふりかえりの目的から逸脱していますので、明確に是正することをメンバーに伝えなければなりません。

グラウンドルールに明示するのがオススメです。

KPTふりかえりの失敗例⑥他責

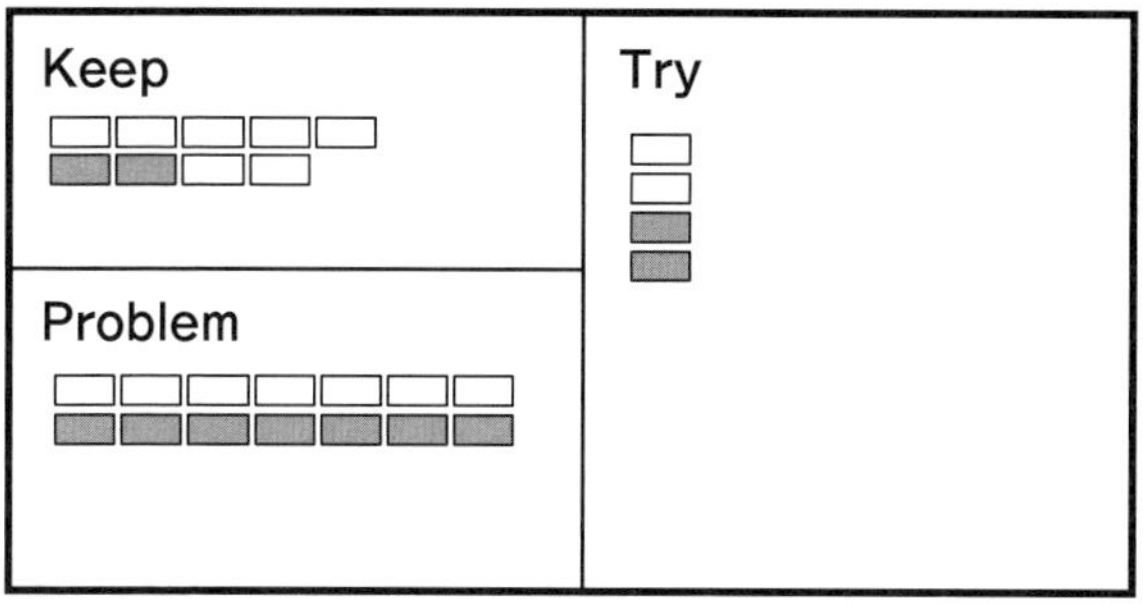

自分たちだけでは解決できない
Problemばかり挙げる

⑥他責

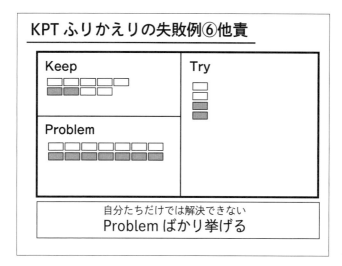

以前からのProblemが残り続けて、Problemに対応したTryが少なく、Problemが放置されているのが特徴です。

問題だと思っているからProblemに挙げられているのに、Tryが無いというのは、問題があり続けていることに他なりません。

自分たちでは解決できない問題をProblemとして挙げている場合、例えば、他組織に起因する問題を挙げている時に起こりやすいケースです。

他組織に関する問題が挙がること自体はいいことですが、自分たちで解決できないのであれば、しかるべき対象にエスカレーションするなどのTryを出し、実施すべきです。

具体的なアクションに落とし込む

KPTの次は行動を起こす

KPTを使ったふりかえりをただ行っただけでは、単純に「よりよい未来が待っている」とは言えません。

ふりかえりを行うだけでも、チームの中で正直に話し合うことができるようになり、雰囲気が改善されていくという効果はあります。

これはこれで素晴らしいことなのですが、これだけではまだまだもったいなさすぎます。先にも述べましたが、チームで合意したアクションを行動に移して、初めてその効果が発揮されます。

行動を起こさなければ、どんなにチームの空気が良くなっても、素晴らしいアイデアがあっても、何も変わりません。

しかし、これまで私が見てきた多くのチームで、ふりかえりで決めたアクションが実行されないということがよく起きています。

この原因は、大きく2つあるようです。

1つは、「開催通知の仕方を変える」というような、アクションが抽象的で行動に移せないというものと、もう1つは、「みんなの意見をしっかり聞く」というような、心構え的なアクションになっているものです。

本来は、ふりかえりの中で行動可能なアクションまで落とし込むのがいいのですが、時間切れなどで、抽象的なアクションのままになってしまうことがあります。

この場合は、具体化するための時間を別途設けるなど、アクションを決めるためのアクションを決めておくとよいでしょう。

心構え的なアクションは、普段から意識をすることが必要になります。

たとえば、朝会や朝礼などでＫＰＴの結果を確認するなど、定期的に開催されるイベントと関連付けて、絶えず行動を確認するきっかけを用意しておくことをオススメします。

第5章

チームのための「KPT」

チームに任せる状態を目指す

自分がやってしまうリーダーはいつまでも苦しい

私が、KPTを使って現場カイゼンの支援をさせていただいたソフトウェア開発チームの話です。

このチームは、1人のリーダーと、10人程度のメンバーで構成されていました。

彼らは顧客と派遣契約を交わしており、チームがまるまるお客様の職場に常駐する形です。

このチームのリーダーは、とてもできる人で、他のメンバーよりも数倍の仕事をこなしていました。

仕事の量だけではありません。

視野も広く、メンバーが陥りそうな落とし穴をいち早く察知し、先回りして塞ぐことまでしています。

また、契約上の制約もあってですが、お客様との交渉事もリーダーがすべて引き受けていました。

このようなリーダーですので、チームの成果物は遅れることもなく、充分な品質でお客様に引き渡すことができ、お客様からもとても頼りにされています。

さらには、とてもフレンドリーで、メンバーとも気さくに話をできています。

メンバーに無理強いをすることもほとんどありません。

ですので、メンバーからもとても頼りにされていました。

どうでしょうか、立派なリーダーだと思いませんか？

一見完璧にも見えるこのリーダー。ですが大問題がありました。

私がヒアリングをさせていただいて驚いたのですが、なんと半年以上も休暇を全く取っていなかったのです。

チームの中で誰よりも早く出社し、誰よりも遅くまで残っているのにも関わらずです。

これを「勤勉だ」と評価する人もいるでしょうが、私の目からは無理をしているようにしか見えません。

そして、休まない理由は、一言にまとめると「不安だから」というものでした。

その「不安」とは以下のようなものです。

・自分が休んだ時に、メンバーが遊んでしまうのではないかという不安
・自分がいない時に、メンバーがトラブルを起こさないかという不安
・お客様から飛び込みで依頼が来た時に、自分以外の人が対応できるかという不安

このようなことを不安に思っているがために、休む勇気が持てなかったのです。

現状では一見完璧に見え、高い評価を得て、きちんと成果を出していても、チームに任せることができないというのは問題です。

このようなチームでは、リーダーが休んでしまうと仕事が止まってしまうからです。

そんなことを言われても、チームに任せるのはなかなか難しいと考えるリーダーは多いようです。

このような、「任せられないチーム」を「任せられるチーム」に変えていく場面でこそ、ＫＰＴは信じられないほどその力を発揮するのです。

自律的なチームを作るために

理想の「チーム」とは

「あなたの理想のチームはどんなチームですか？」

この問いに対して、皆さんは様々な答えをお持ちだと思いますが、私が思い描く理想のチームとは、「リーダーがいなくてもメンバー全員が主体的に動いていくチーム」です。

行動をする前に、そのたびにリーダーに助言を求めるとか、リーダーの顔色をうかがうのではなく、チームの目的、目標をメンバーが理解して、それぞれが協力し合いながら動けたら最高じゃないでしょうか。

サッカーやバスケットボール、ラグビーなどのチームスポーツのイメージです。

これらのスポーツでは、声かけやアイコンタクトを用いながら、各人が状況に応じて判断をしながら動いていきます。

仕事の場においても、同じように動くのが、私が考える理想のチームなのです。

よく、「リーダーが現場に出て陣頭指揮を執ると、メンバーの士気が上がって成果も上がる」ということを聞きますが、このような状況は、まだまだ伸びしろのある未成熟なチームであると言えるでしょう。

自律的なチームになれば、自律的に育っていく

では、そのようなチームを育てるにはリーダーは何をすればいいのでしょうか。
私は、以下の4点を外さなければ充分だと考えています。

・リーダーとしてチーム及びメンバーへの期待を伝えること
・チームの基本ルールを話し合って決めること
・決めた基本ルールから外れた行動をとったら叱ること
・基礎教育を行うこと

これらは、任せられるようにするきっかけを作っているに過ぎません。

チームが自律的になれば、チームは自律的に育っていくのです。

それぞれ具体的に見ていきましょう。

①リーダーとしてチームへの期待を伝えること

メンバーにどのようになってほしいのか、チームにどのようになってほしいのか、リーダとして考えていることをチームメンバーに話します。

その期待の背景も踏まえて説明すると、納得感が増します。

②チームの基本ルールを話し合って決めること

KPTを使ったふりかえりを定期的かつ頻繁に行うことは最低限決めてください。

その他のルールは、業務などに応じて決めていただければ結構です。

以下のようなルールを基本ルールとしているところがありますので参考にしてみてください。

・笑顔で挨拶する

・問題は1人で抱え込まない
・残業するときは2人以上で行う

初めからルールが多いと混乱しますので、ルールは徐々に見直していくこととして、最初の内はチームメンバーが納得できて、それほど負荷を感じずに守れるルールを決めるのがコツです。

ルールの数は、少し足りないと感じる程度で充分です。

③決めた基本ルールから外れた行動をとったら叱ること

ルールを決めることよりも、この「叱る」ということができるかどうかが重要です。

守らなくてもよいルールならば、それはルールがないのと同じです。

チームでルールを決めたら、それをチームで守ります。

だからこそ、②の基本ルールはチームメンバー全員で話し合って決めなくてはいけません。

ただ、「守れなかった場合の罰則を決めておく」というのは違う話です。

以前あった事例で「朝会に遅刻したら１００円払うこと」という罰則を決めて、運用していたチームがあります。

罰金は、チームでの飲み会に充てることにしていました。

ちなみに、その会社ではフレックスタイム制度が導入されていたので、朝会に遅刻しても、会社の制度的には遅刻とはなりません。

ルールを決めた当初は、メンバーみんなが守っていたのですが、次第に遅刻する人が出てきました。

それでも、最初のうちは遅刻したことに対して済まなさそうな態度をとっていたのですが、そのうち「朝会に出るよりも１００円払った方がまし」というメンバーも出てきました。

それでは困ると、そうしたメンバーが痛みを感じるように罰金を「１０００円」としたら、さすがに遅刻しなくなったのですが、イヤそうに、眠たそうに参加しているので、朝会の雰囲気はあまりよろしくない状況になりました。

これは、そもそも「罰金」という罰則がダメだったのだと思います。

ルールを守ってもらうためには、各個人が持っている、「正義心」「良心」などに訴えかけることが重要です。

つまり、叱るということは、「間違った行動をとったということを気づかせる」ことなのです。

たまに、叱る時に声を荒げている方を見かけますが、これは絶対にやってはいけないことです。

そもそも、叱ることに大声や威嚇は必要ありません。

感情的に怒鳴ったりすることなどもってのほかです。

メンバーを委縮させてしまっては、自律的に動くきっかけを潰してしまいます。

他の人の前で叱ると、叱られている人のプライドを必要以上に傷付けてしまうこともあるので注意が必要です。

また、叱るタイミングも図ったほうがいいでしょう。

基本ルールから外れた行動をとってから時間が経ってしまうと、それまでの間にその誤った行動を何度もしてしまい、行ってもいい行為なのだと理解されてしまいかねません。

その一方で、基本ルールから外れた行動をした人を見つけたら、その人を即座に叱るというのもオススメしません。

チームを信じて待ってみるのも、リーダーの大事な仕事です。

チームに任せていますので、チームメンバー同士でその誤った行動を是正するのが理想なのです。

しかし、そのような是正がされないようならば、間を空けずに、愛情を込めて叱ってあげてください。

④基礎教育を行うこと

リーダーの期待を達成してもらうために、メンバーのスキルが足りないことがあります。

その場合は、基礎レベルの教育を行っておくことが必要です。

この基礎教育は、リーダーが自ら教えられるならば、リーダーが教えたほうがいいですが、チーム外の助けを借りて行っても問題ありません。

ただし、そのための時間や費用の確保はリーダーにしか行えません。

以上の4つのことを一定期間守ったら、チームメンバーに変化が見られるはずです。

チームメンバーが変化したら、リーダーが期待することも細かい部分では変わっていくでしょう。

その期待をチームと共有して……とサイクルを回すのです。

KPTを繰り返すことで、チームメンバーは目標に向かって自分たちで解決策を探しながら進んでいくようになります。

リーダーから細かく「あれをやれ」「これをやれ」と指示をしなくても動く、自律的なチームに成長していきます。

「GROWモデル」を意識する

何度も言いますが、成果を生み出すのは何かの行動の結果です。

ある人が今よりもいい成果を出せるようになるには、その人の行動が変わらなくてはなりません。

そうした観点では、コーチングなどで用いられる「GROWモデル」を活用するのもオススメです。

GROWモデルとは、コーチングセッションの中で行われる、コーチとクライアントの会話の流れの基本形で、問題解決に有効な思考方法です。

Goal　目標を定めるか、定めた目標を確認する

Reality　現実がどのようになっているのか、なぜこのような現実になっているかを明らかにする。目標とのギャップを明確にする

Options　目標と現実のギャップを埋めるための解決策を複数挙げる

Will　解決策の具体的な実施策を決め、その実施のための意志を明確にする

こうして見てみると、KPTとGROWモデルのプロセスの類似に気付かれると思います。

自発的に行動を行い、問題を解決していくチーム作りにも、KPTの思考法は非常に有効なのです。

強いチームは問題解決力の高いチーム

「チームを育てる」とはどういうことか

これまで、「チームを育てる」という言葉を使ってきましたが、実際のところチームを育てるというのは、どういうことでしょうか。

それぞれに考えられていると思いますが、私は「問題解決能力を向上させること」こそが、チームを育てるということだと考えています。

話は変わりますが、私の周囲でも日常的に残業が行われています。

学生時代にソフトウェア開発のアルバイトをしていたとき、まわりで働いている正社員を見ると、みんな残業をしていたので、社会人は残業をするのが当たり前なのだと思っていました。

当然そんなことはありませんし、ワークライフバランスなど、働き方について見直されている現在では、もってのほかな話かもしれません。

プロジェクトの計画段階で、残業ありきで計画を立てることは極めてまれなので、計画のとおりに進めることができれば、「残業」というのは本来起こらないはずです。

しかし、実際は残業が行われており、その残業の理由のほとんどが「進捗遅れのリカバリー」なのです。

現場で問題が発生し、その対応をしていると、当然進捗が遅れてしまいます。

そもそも計画段階では、日々発生する問題を予測できないので様々なバッファを設けていますが、それでも足りずに進捗が遅れてしまいます。

しかし、このような状況はある程度回避することができます。

最初の計画を立てた時は、情報が不足しているため、発生する問題の予測がしにくいのは仕方のないことですが、時間が経つにつれて経験や情報が増えてくると、予測の精度も上がっていくはずです。

そのタイミングで計画をもう一度詳細に検討すれば、問題が具体化する前に対策を取るなり、問題自体を取り除くなりできます。

しかし、コレをやっていないため、対策を打つこともできず問題が具現化してしまうのです。

そして、問題が起きてから対応に回るので緊急の対応となり、残業でリカバリーすることになってしまうのです。

さらに、このような計画外の作業をすることに時間をとられ、本来の作業が行えずに進捗が次第に遅れてしまい、そのリカバリーも残業、場合によっては休日出勤で対応するようになってしまいます。

絵に描いたような悪循環ですが、こうした状況が常ではないにしても、身に覚えがあるという方は多いはずです。

情報が増えた時点で、計画を詳細に見直して、先に手を打っておけば、このような事態はすべてではないにしろ避けられるはずなのです。

では何が役に立つかというと、やはりＫＰＴです。

発生しそうな問題については、ＫＰＴの Problem に相当しますので、ＫＰＴを用いたふりかえりを行うということは、定期的に問題を見直し、情報をアップデートし、チームで考えることになり、問題解決能力が自ずと身についていきます。

自分でやってしまうリーダーの下では人が育たない

前述した休めないリーダーについて、再度取りあげます。

彼のチームでは、残業を日常的には行っていませんでしたが、これは、単にリーダーの問題解決能力や業務処理能力が高かったためです。

このリーダーは、視野も広かったため、メンバーの仕事が終わりそうになると、次の仕事を用意するということができていました。

メンバーに仕事を振る前に、リーダー自身が計画を詳細に見直し、発生しそうな問題についても対策をとった上で振っていたので、メンバーは特に気にかけることもなく、単にその与えらた仕事を淡々とこなすだけでよかったのです。

また、メンバーが仕事をしているときに何か問題が発生しそうになると、先んじてリーダーがメンバーに的確に指示を出すので、問題が大きくなる前に取り除けてしまいます。

そんな形ですから、メンバーは問題が起きそうだったことにすら、気付けないまま日々を過ごしています。

これでは、リーダーの問題解決能力は向上していくでしょうが、そもそも問題を認識する機会がない、つまり育成の機会が奪われてしまっているメンバーの問題解決能力は向上しようがありません。

理想のリーダー像「サーバントリーダーシップ」とは

リーダーシップ（Leadership）の末尾の「ship」の語源は、「Shape（形）」だと言われています。様々な解釈はあるようですが、これは「在り方」を指していると考えることができます。そうすると、リーダーシップとは、「リーダーの在り方」ということになります。

私は、チームリーダーのリーダーシップとは、リーダーという役割の人が独りで形作るのではなく、チームを構成する人たちで作っていくものだと考えています。

この時に参考となるリーダーシップの型に左ページの図のような「サーバント型」というものがあります。

リーダーがチームに奉仕することで、メンバーが自発的に動けるようにサポートをしていくというものです。

リーダーシップの比較

	サーバント（奉仕）型	支配（支持命令）型
リーダー	・メンバーが自発的に動けるようにサポートする ・メンバーの「強み」に焦点を当てる ・メンバーの声に耳を傾ける ・メンバーを押す	・メンバーの細かい行動まで指示を出す ・メンバーの弱点に焦点を当てる ・メンバーに自分の声を聞かせる ・メンバーを引っ張る
メンバー	・「やりたい」気持ちで行動する ・言われる前に行動する ・工夫できるところは工夫しようとする ・リーダーの示すビジョンを意識する	・怖れや義務感で行動する ・言われてから行動する ・言われたとおりにしようとする ・役割や指示内容だけに集中する

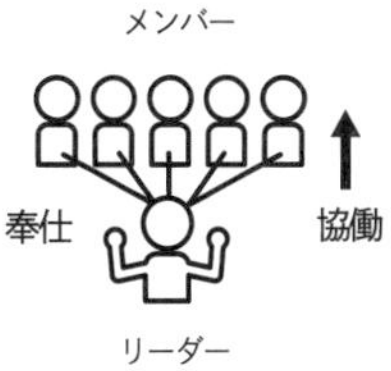

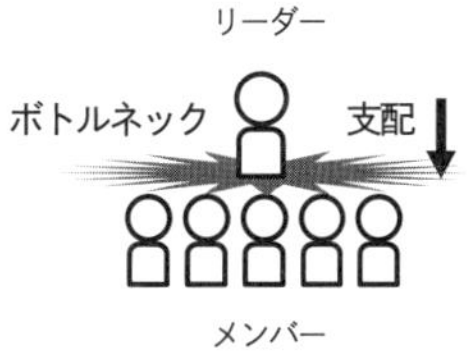

サーバント型リーダーシップだと
メンバーが自律的に動き、
問題の解決速度が向上する！

このようなリーダーならば、メンバーの育成機会を奪うことはありません。

また、普通の人でも、普段の振る舞いをＫＰＴを用いてふりかえっていくことで成長していけると思います。

チームの成長プロセス

チームが育っていくといっても、一足飛びに成長するわけではありません。

チームの成長には段階があります。

メンバーにも理解しておいてほしいチームの成長プロセスのモデルが、タックマン氏が考案した「タックマンモデル」というもので、チームの成長の状態を４つに整理しました。

- 形成状態（Forming）
- 混乱状態（Storming）
- 統一状態（Norming）
- 機能状態（Performing）

各状態を細かくは説明しませんが、ここで私が重要だと思うのは、このような状態が存在するということを、チームメンバーが理解しておくということです。

4つの中の、最後の「機能状態」というのが、チームとして最も成果が出せる状態です。チームとしては、この機能状態であり続けることが求められます。

しかし、チームがどのような状態にあるのかを客観的に評価することは困難です。チームは機能状態であると思っていても、後から考えると、形成状態だったと評価することすらあります。

そこで、チームメンバーに自分たちがどのような状態にあるのかを考えてもらう「ものさし」として活用してみてください。

たとえば、KPTを行って、出てきたTryに則って改善するために環境を変えると、チームが思った以上に影響を受け、混乱が生じるということがよく起こります。

その混乱がきっかけで、ちょっとしたメンバー間のいさかいが起こることだってありますが、

そんな時に、このモデルに照らし合わせることで、「これは、いま混乱状態になっているということだ」と認識できれば、この混乱を統一状態に、そして機能状態にしていこう

という考えになるでしょう。

また、意見の対立と感情の対立を分けて考えやすくなるという効果もあります。

しかし、このモデルが理解できていないと、いさかいが起きたときに、意見の対立がそのまま感情の対立となってしまい、メンバー間の人間関係に悪影響を及ぼしてしまうということもあるのです。

KPTで言うと、ある人は大きなProblemだと思っていることが、別の人にとっては取るに足らないProblemだということがありますし、特にTryについて検討している際に、真逆の改善案が出てくることがあります。

そうした時に、「ああ、これはいま自分たちが混乱状態だということだ。これを統一状態に持って行くにはどうすればいいだろう」と、落ち着いて考えることができます。

改善のために動き出す際には、このタックマンモデルの考え方をチームメンバーで正しく理解し、共有しておくことで、そうしたトラブルを未然に防ぐことができます。

チームの状態をメンバー自身が測るものさしとして、タックマンモデルの共有をしてみてください。

「目的」と「目標」とKPT

目標を持たないチームはチームではない

チームが自律的に動いていくには、その目的や目標が定まっている必要があります。

そもそも、チームとは「目標に向かうために集まっている集団」のことです。

すなわち、目標を持っていないチームというのは、言葉の定義からも誤っているのです。

さて、目標はチームが勝手に作るものではなく、リーダーのチームに対する期待から落とし込んで設定していくものです。

そして、当たり前なことですが、そのチームが所属する組織の目標とリンクさせるようにしなければなりません。

しかし、チーム独自の目標を決めてしまって、組織の目標とはリンクしていないというケースを思いのほか数多く見かけます。

このようになってしまう原因の多くは、組織目標がわかりにくいことにあります。

つまり、チームの目標を決める前に、組織目標をわかりやすくしていく必要があります。組織目標がなぜ無視されがちかというと、達成までの期間が長いことが多く、具体的ではなく抽象的な目標が掲げられがちだからです。

期間を短く区切り、その期間までに組織としてどのようになればよいのかを決めることで、KPTを行う際にも具体的な目標に落とし込むことができます。

目的と目標の階層構造

「目的」と「目標」という言葉はよく使われる言葉ですが、個人個人で定義があいまいであることがままあります。

ですから、まずこの2つの言葉について整理をしておきます。

目的とは、何のためにするのかを理由付けしたもので、行動の方向性を示すものです。

目標とは、目的に向かっていくための達成基準となるもので、通常は、ある目的を達成するために、複数の目標を持ちます。

目的と目標では、目的の方が上位の概念である、というのが基本です。

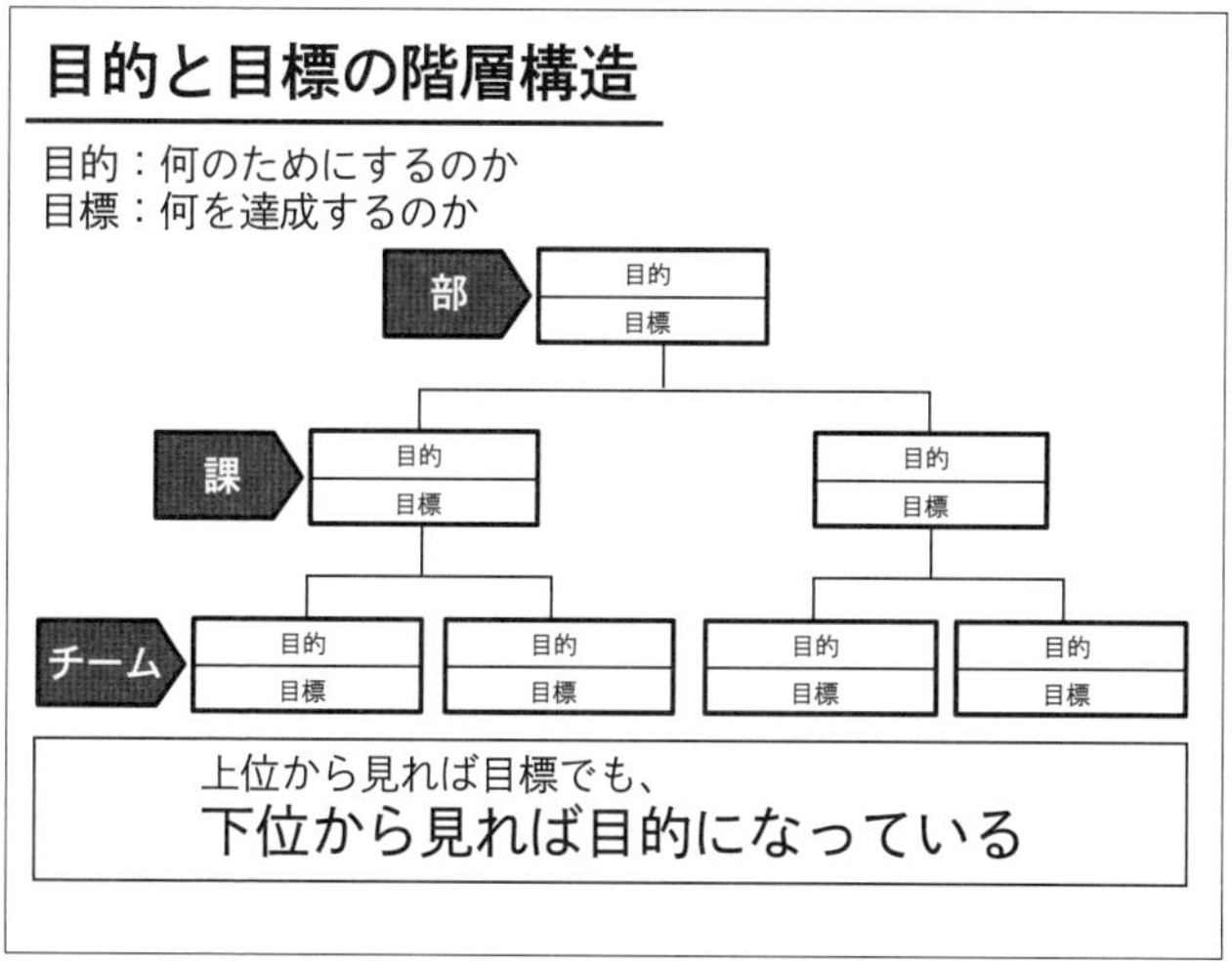

しかし現場では、「目標に対して目的がある」というように上下の感覚がずれていることもあります。

これは、企業においては、組織の階層に応じて目的と目標が設定されるからです。

たとえば、部→課→チームという組織階層を考えた時に、部として達成すべき目標というのは、部の下に属する課から見れば目的となっており、課としてはその目的を達成するために複数の目標を持ちます。

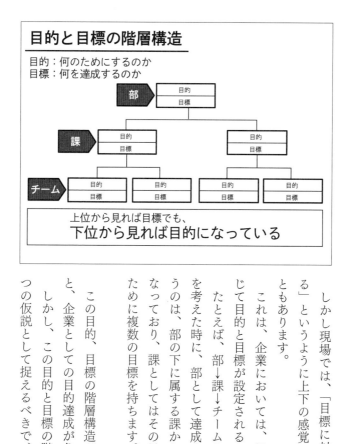

この目的、目標の階層構造が崩れてしまうと、企業としての目的達成が危ぶまれます。

しかし、この目的と目標の階層構造も、1つの仮説として捉えるべきで、そのとおりに進められない場合は、早めの見直しが必要になります。

見直す場合でも、各階層間での目的と目標がリンクするように注意しましょう。

また、チームは個人で構成されるものなので、最終的にはチームの目的と個人の目標もリンクさせていきます。

これらがすべてリンクできると、会社組織の上層から会社の中の個人までが同じ方向を向いている、いわゆる「ベクトルが揃っている」という状態になります。

これは1つの理想状態です。

ただし、会社全体としてベクトルを揃えるというのは、あくまでも理想状態であり、この状態になるのが極めて難しいことは言うまでもありません。

しかし、難しいからといって簡単にあきらめず、この状態を目指すようにしてみてください。

もうおわかりのこととは思いますが、KPTを使うことは、「ベクトルが揃っている」チームへの近道です。

KPTを行うだけで、チームとしてのいいこと、悪いことが共有でき、それらに対してどうするかに合意し、実行できるわけです。

目標の達成率を見る2つの指標

目標は数値化できるものですので、計測することが可能です。

計測には、「結果指標」と「行動指標」の2つの性質の指標を用います。

結果指標とは、状態を表す指標で、計測することは可能ですが、直接的に制御することができない指標です。

行動指標とは、状態を変えるための活動を評価する指標で、直接制御可能な指標です。行動指標は、「管理指標」とも呼ばれます。

体脂肪率の増減を例にとって説明しましょう。

自分の体脂肪率を減らそうと思ったり、増やそうと思ったりしたとき、体脂肪率を直接コントロールすることはできないと思います。

体脂肪率を減らすためには、食事を制限する、運動を行うなど、何かしらの行動（施策の実施）をするのではないでしょうか。

食事の制限や運動は、行おうと思えば行えるはずです。

この、どれだけ食事をしたのか（摂取カロリー）や、どれだけ運動したのか（ジョギングの頻度・距離・時間）という行動を表すのが行動指標です。

そして、このような行動指標に表すことのできる行動の結果として体脂肪率が増減するわけですが、それを表す指標が結果指標となります。

人によっては、運動を行おうと思っても行えないので、結果指標だと考えるかもしれません。

その場合は、運動を行えない理由を挙げていきましょう。

忙しくて運動する時間が捻出できないというのであれば、運動する時間を捻出するための行動と、それを計測するための指標を決めていきます。

このように、先の目的と目標の階層構造と同じく結果指標と行動指標も階層構造をとるのです。

ＫＰＴでTryとして何らかの目標を立てて実行している時、その進捗度合いを測る際には、それぞれの指標の特徴を知ったうえで、正しく計測することが必要になります。

ＫＰＴを見ればチームのことがわかる

ＫＰＴがうまくいっていればチームもいい状況にある

ＫＰＴにはチームの状況が表れます。

数多くのチームを見てきて、そのほぼすべてにおいて言えることですが、ＫＰＴが和気あいあいと行われていれば、そのチームの日常業務もいい雰囲気で進められていますし、ＫＰＴがうまくいっていない場合は、そのチームは改善がなかなかうまくいかず、ぎくしゃくした雰囲気で働いています。

これは言い換えれば、チームの状況のよし悪しについては、ＫＰＴを見ることでおおよその判断ができるということです。

次ページに、ＫＰＴの状況を読み解くための指標を紹介します。

全ての指標を計測する必要はありませんが、必要に応じて計測し、チームの状況を把握することに役立てていただくのがよいでしょう。

KPTの指標

No.	観点	指標	単位	説明
1	チームとして十分に意見が出ているか	新規意見の総数 ÷ 参加人数	個/人	意見が多いほどよい。継続的に見ていき、以前よりも減っていたらマンネリ感が出ている可能性あり。
2	メンバーから均等に意見が出ているか	新規意見の数の分散	—	分散が少ないほどメンバーが同じ数だけ意見を出している。
3	問題意識が高いか	新規 Problem 数 ÷ 参加人数	個/人	意見が多いほどよい。継続的に見ていき、以前よりも減っていたらマンネリ感が出ている可能性あり。テーマを変えるなどの対応をするとよい。
4		新規 Problem 数 ÷ 新規意見の総数	%	30％前後が望ましい。
5	改善策を十分に考えているか	Try 数 ÷（Keep 数＋Problem 数）	%	80 ～ 120％前後が標準的。少ない場合は Try を考える時間を多めにとるとよい。
6		Keep に対する Try の数 ÷Try の数	%	50％前後が望ましい。0 に近い場合は Problem に対する Try しか考えられておらず、チームとして固い雰囲気になっていないか注意。
7		実施する Try÷ 新規 Try 数	%	30 ～ 70％前後が標準的。100％に近い場合は、言ったもの負けの状況になっているか、自由な発想の Try が出ていなく、チームとして固い雰囲気になっていないか注意。
8	カイゼンできているか	今回解消された Problem 数 ÷ 前回挙げた Problem 数	%	100％前後になるのが望ましい。定常的に 80％以下が続くようであれば、Problem が溜まってしまっている。
9		（Problem が解消された日 -Problem が挙がった日）÷KPT の実施間隔の平均	—	1～2に収まっていればよい。2よりも大きくなっている場合は、大きい問題ばかりを扱っている可能性あり。軽い問題を挙げることも意識すべき。
10		今回 Keep となった Try 数 ÷ 前回実施すると決めた Try 数	%	80 ～ 100％前後が標準的。50％を切る場合は、実施が困難な Try になっているか、チームで決めたことをチームで守れない状況になっていないか注意。

ＫＰＴが頻繁かつ定期的に行われていることが前提です。

そうでなければ計測することはできません。

そもそも、先にご説明したとおり、ＫＰＴがその効力を発揮し、チームがメリットを享受するためには、頻繁かつ定期的な実施が必要です。

たとえば、毎週ＫＰＴをやろうという形で導入したのならば、最低でも１ヶ月くらい、つまり、４〜５回は開催しないと、正しい指標は測れません。

この指標の具合で、チームの状況を推測できます。ぜひ試してみてください。

ただし、この指標だけでチーム状況のすべてが判断できるわけではありません。

特に、チーム外の人がこの指標を使って、チームのよし悪しを評価するのは好ましくありません。

チームが自分たちの成長を客観的に評価するのに活用してください。

チームの力を引き出す「ファシリテーション」

チームの〝可能性〟を引き出す

ファシリテーションとは、英語の「Facilitation（促進する）」という言葉でくくられる、コミュニケーション技術の体系です。

NPO国際ファシリテーション協会は、「グループの可能性を最大限に活かす力」と定義しています。

近年、会議を進行させるための技術である「会議ファシリテーション」のみを、ファシリテーションであると理解している方が多いようですが、本来はもっと広い概念なのです。

ここでは、ふりかえりという会議の場においてのファシリテーションの活用方法を紹介します。

ファシリテーションの技術を用いて、集団に力を発揮させる人のことを「ファシリテーター」と呼びます。

ふりかえりを前提としていますので、「ふりかえりファシリテーター」と呼びましょう。

ふりかえりファシリテーターに必要な5つのスキル

ふりかえりファシリテーターには、ふりかえりの成果を可能な限り大きくすることが求められます。

また、リーダーがふりかえりファシリテーターを務めることが当然多いのですが、チームを育てるという観点から考えると、いつまでもリーダーだけがファシリテーターなのではやや不満です。

ふりかえりファシリテーターは、リーダーのみならずチームメンバーの誰もができるようになるべき役割で、それには5つのスキルが必要であると私は考えています。

①プロセスを扱うスキル

ふりかえりの目的設定や、時間の配分などを事前に検討し、必要な準備をします。関係者を招集するなどの準備も、ふりかえりファシリテーターが行います。

ふりかえりの最中は、アジェンダに定めた時間から大きく外れないように時間を管理します。

しかし、有効と思われる議事が出て思いの外議論が盛り上がっているなど、場合によっては、時間から大きく外れることを許容する場合もあります。

その見極めも、ふりかえりファシリテーターのさじ加減です。

②場を活性化するスキル

これは、意見が出しやすい雰囲気を作るスキルです。

会議の前に、人数に応じた会議室を用意し、話しやすい席の配置にするなどの準備をします。

グラウンドルールを決めておくことも忘れずに行いましょう。

プロジェクターやホワイトボード、付箋紙などの道具も整えます。

参加者からの意見を出してもらう時に、オススメとして付箋紙を使う方法を紹介していますが、そのほかにも意見を出しやすくしたり、意見を順に言ってもらうための方法などがあります。

意見を多く出してもらったり、深い思考を促すための質問を投げかけられるように、準備をしておくとよいでしょう。

これは、いわゆる「質問力」と呼ばれるスキルです。

また、場を和ませるための技術として、メンバーに〝笑い〟を提供することなどにも精通していると、ギスギスとした雰囲気をうまく取り払えることでしょう。

場の雰囲気を柔らかくする技術には「アイスブレイク」というものもあり、多くの方法が考案されていますので、興味のある方は勉強してみるといいでしょう。

〝リフレーミング〟と呼ばれる技術も、場を活性化するのに役立ちます。

リフレーミングとは、思考の枠を組み替えることで、別の視点を得るという概念の技術です。

簡単なことですが、「あと半分しかコーヒーがない」というフレームを「まだ半分もコーヒーがある」というフレームに切り替えると、同じ事実なのに得られる感覚が変わってくる、などというようなことです。

たとえば、Problemを「チームのダメなところ」ではなく、「改善の起点」と考えるというのもリフレーミングの1つです。

メンバーにリフレーミングしてもらうために質問を投げかけるなど、それぞれのスキルは組み合わせるとより効果を発揮します。

③情報を構造化するスキル

思考フレームを活用することが、情報の構造化にとても役に立ちます。

KPT自体も思考フレームワークの1つですので、KPTを行うことで自然と情報の構造化は為されます。

KPTは、そもそもの構造がシンプルなのでアレンジを加えやすく、よりわかりやすくしたフレームワークなどもあります。

ここでは、代表的なアレンジの例として「KPTA」を紹介します。

KPTA（けぷた）は、左ページの図のように、通常のKPTのKeep、Problem、Tryに、「Action」を加えた4つの欄で構成されています。

Actionの欄には、実践することとして選択されたTryを実行可能なレベルまで落とし込んだものを挙げます。

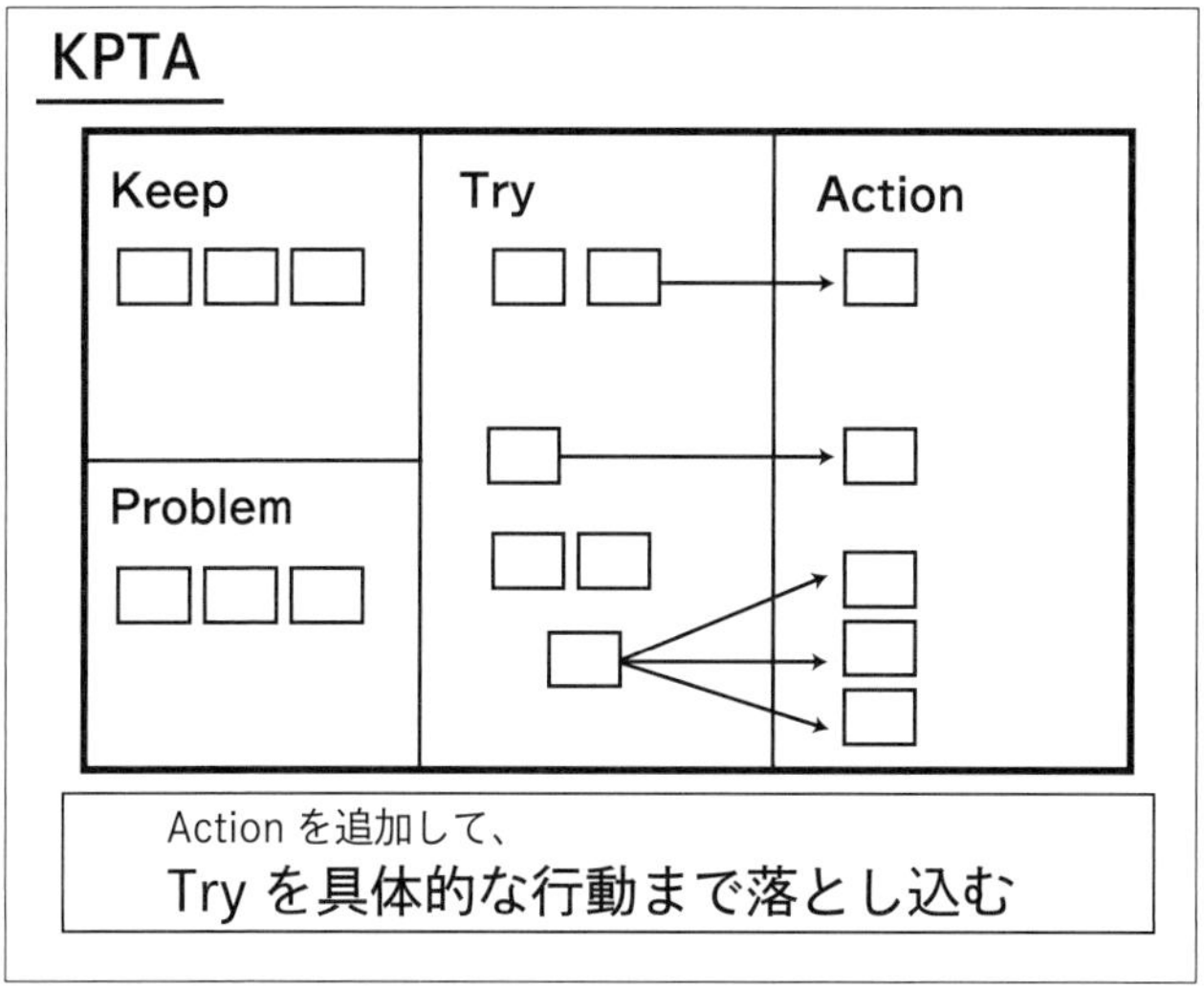

この、Actionを追加することによって、まだKPTに慣れていないチームが陥りがちな2つの問題が解消しやすくなります。

KPTに不慣れなチームが陥る問題の1つ目は、実施を合意したTryが実行されないというものです。

このような状況に陥るのは、実施の担当者が決まっていなかったり、決まっていても何をすればいいのかが具体的でないためにわからず、日々の忙しさに追われて優先順位が下がってしまうということなどが原因です。

実行可能な、具体的なActionまでフレームに落とし込んで考えることによって、このような問題が改善されます。

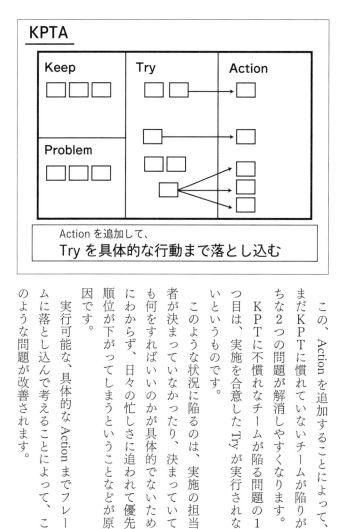

2つ目は、Tryがあまり挙がらないというものです。

KPTAでなく、通常のKPTでも、Tryには具体的で行動可能なものを挙げるのが基本です。

しかし、具体的なことをTryに書こうとすると、時間がかかったり、文章としてまとめきれなかったりということがあります。

ともすれば、具体的な内容にまとめられないから発表しないでおこう、などという心理が働いてしまうことすらあります。

これを、TryとActionを別に分けて設けることで、Tryの中からActionに落とすものを選ぶというメッセージが明確になり、メンバーは気軽に、アイデアベースでも、いいいんじゃないかというTryを挙げやすくなります。

情報を構造化するという点では、論理的に意見をつなげていくスキルや、図解力も必要になります。

図解力という点では、「ファシリテーショングラフィック」と呼ばれる分野がありますので、興味がある方は調べてみてください。

④意見の対立を解消するスキル

先にも少しだけ述べましたが、Try を選択する際によく発生するのが対立です。

どちらのアイデアもよく、どちらを選ぶか迷ってしまうような場合があり、それぞれのアイデアを挙げた人たちが延々と自分のアイデアの優れた部分の説明をしてしまって、時間が経ってしまうということがよくあります。

個人的には、対立するようなアイデアのどちらを選ぶかという検討に時間をかけるくらいなら、その他のちょっとでも現場がよくなるようなアイデアを選べばよいと考えています。

しかしその一方で、対立から、さらにレベルアップしたアイデアが生まれるというのも事実です。

時間が許されるのであれば、検討したほうがいいでしょう。

Try のアイデアが対立していたとしても、その上位目的は同じであるはずです。

どこかに、思い違いや見落としが無いかを探りながら、新たなアイデアを探していきましょう。

⑤場を読むスキル

雰囲気が悪いのか、対立しているのかなどは、その場で感じ取るしかありません。

そして、状況がわからなければ、持っているスキルを活かすことができません。

そのためにも、リーダーは場を読むスキルについても身に付けておいたほうがいいでしょう。

ここで最も大切なことは話を「聴く」ことです。

聞き流すのではなく、積極的に心を傾けて「聴く」のです。

話している人が、実際にはどのような思いで話をしているのかを知るために、NLP(Neuro-Linguistic Programming)などの知識を持っておくのもオススメです。

また、思考するのを放棄する時につい使ってしまう「思考停止語」を知っておくとよいでしょう。

思考停止語の代表的なものに「難しい」という単語があります。

この「難しい」という言葉が連発されるのは、具体的な思考を諦めて「アイデアは出てこない」という状況です。

そうした状況の時、最初のうちは、「じゃあその難しい状態をクリアするために、何をクリアすればいいかな？」などと質問をして、考えを促すといいでしょう。

グラウンドルールとして「『難しい』という言葉は使ってはならない」として、ふりかえりを行うというのも効果的です。

ＫＰＴもそうですが、すべての思考フレームワークは、それ自体には価値がありません。思考フレームワークは、人が考えるきっかけを与えるだけのものでしかないのです。思考が止まってしまえば、どんな思考フレームワークでも役に立ちません。

余談ですが、自分の思考ではなく、相手の思考を止めてしまう言葉もあるので、気をつけておくのがいいでしょう。

誰かが意見を挙げたときに「それは、ＲＯＩ（投資対効果）的にどうなんだ？」「反対するならば、代案を用意しろ」などと言ってしまうのがその最たる例です。

これらは、一見妥当なことを言っているように思えるのが、さらによくありません。

このようなことを言われると、意見が挙げにくくなることは、誰もがわかると思います。

ふりかえりは、他の意見を否定するのではなく、ブレインストーミング的に、より多くの可能性を探る場として使うべきです。

いいアイデアが出ていない状況で時間が経ってくると、無理やりに合意形成をしてその場を終わらせようとしてしまいやすいことにも注意してください。

これは、集団思考の落とし穴、集団愚考などと呼ばれる現象です。

「コミュニケーションが悪い」というProblemに対して、その改善策として「飲み会を開く」というTryしか挙がらないのは、まさにこの典型です。

たとえばこのような状況になったときは、それでよしとするのか、それとも一度解散するのか、ふりかえりファシリテーターは決断をチームに求めるべきです。

安全安心の場作りをこころがける

ここまで紹介してきた技術を活用すると、KPTを使ったふりかえりは一層スムーズに進むようになると思います。

しかし、「Problemを挙げると怒られる」「Tryを挙げると批判される」「グランウドルールは無視される」というような状況では、ふりかえりファシリテーターたるリーダーがどんなに頑張っても、ふりかえりの成果は上がりません。

ふりかえりを行う会議は「安全安心な場」でなくてはなりません。

では、どのようにすれば安全安心な場が作れるのでしょうか。

そのために私が推進している方法が、先にも少し触れた「全員がふりかえりファシリテーターになる」というものです。

ふりかえりの進行を、ふりかえりファシリテーターだけに任せるのではなく、参加するメンバー全員で進行するようにしていくのです。

最初リーダーがやっていた進行を、慣れてきたメンバーにふりかえりファシリテーターとして任せる形でやってみます。

そのようにして数回行ったところで〝ふりかえりのふりかえり〟をしてみると、メンバーそれぞれが、それぞれ別のふりかえりの進め方のイメージを持っていることがわかります。

その進め方を、アジェンダという形でまとめてみて、それをもとにふりかえりファシリテーターをローテーションさせて、チーム全体で行えるようにしていきましょう。

そして、またしばらくしたところでふりかえり自体のふりかえりを行って、そのアジェンダや進行を改善していけば、自分たちに、より馴染んだふりかえりが行えるようになっていきます。

ＫＰＴをより有効に使う

"Keep"を"ナレッジ"に変える「名前付け」

ＫＰＴを繰り返していくと、Keepには、チームのベストプラクティス的なアイデアがどんどん蓄積されていきます。

ここに蓄積されていくアイデアを、１つのチームの中に閉じてしまうのではなく、他のチームや社内の他部署にも展開したいと考える方は多いようです。

実際に研修でもそのような質問を多く受けます。

しかし、Ｋｅｅｐに溜まったアイデアが素晴らしく、チームにいい影響を与えていたとしても、いざ他のチームに展開しようとすると形式を整えたりする必要があり、思いのほか手間がかかるものです。

手間がかかると、どうしても後手になってしまいますし、他のチームに展開することを前提にしてしまうと、整理して展開できる形式にまとめるのが面倒くさく、Keepを増やさなくなるなどということになりかねません。

そこで、オススメなのが、「名前を付ける」ということです。

整理をあまりしなくても、アイデアに「いい名前」を付けることができれば、アイデアはぐっと伝えやすく、そして、実際に浸透しやすくなります。

私の気に入っている事例に、「ニコニコカレンダー」と呼ばれているナレッジがあります。

これは、職場から帰る際にその日をふりかえり、その時の気分を色のついたシールで貼るというものです。

初めは名前が無かったのですが、ある時に「ニコニコカレンダー」という名前を付けて紹介されたところ、あっという間に広がりました。

現在では、Wikipedia に掲載されていますし、アジャイルソフトウェア開発のプラクティスとしても世界的に広まっています。

このような背景もあり、Keep に蓄積されたアイデアに名前が付いただけのものをナレッジと呼ぶようにしています。

魅力的な名前を付けていくことで、ナレッジをどんどんシェアしていけば、会社そのものがよくなっていくはずです。

「見える化」でPを見付け、Tの効果を見る

ＫＰＴで現状を見つめ、未来を考えようとする時に、多くの方は以下のようなことを思うのではないでしょうか。

・これは本当に問題なのだろうか？
・これを行うと、よくなるのだろうか？
・この施策の結果、何か変わったのだろうか？

このような疑問に対して、答えを与えてくれるものの１つに「見える化」があります。

「見える化」という言葉には様々な定義が存在していますが、本書では、見える化とは「異常を見えるようにして行動を誘発する仕組み、および活動のこと」と定義します。

この定義のポイントは２つあります。

1つは、「異常がわかって、行動を誘発する」です。

異常状態なのかそうでないかが判別できることが大切です。

単に見えるようになっているだけで、それが正常なのか、異常なのかの判断がつかなければ意味がありません。

たとえば、体温計で体温を測って、36・5℃だったとしましょう。

単に見てわかっただけでは、「で?」となってしまい、そこから行動が生まれることはありませんね。

しかし、平熱が36・5℃の人であれば、健康状態であると判断でき、特に何か行動を起こす必要がないのだとわかります。

平熱が35・0℃の人であれば、これは異常だと判断できますから、すぐに、寝るとか、病院に行くなど、何かしらの行動を起こすべきだとわかるでしょう。

このように、「行動を誘発できるかどうか」が、見える化で意識すべきポイントです。

そのためにも、チームとして何が「異常」なのか、その定義を決めておく必要があります。

先の例えで言うならば、自分の平熱を知っておいて、そこから外れることが異常なわけですね。

異常がないことを理想のチームとするならば、チームの異常を考えることは、理想のチームを考えることに通じます。

もう1つは、「仕組みや活動」です。

見える化をする時には、さまざまなことがらをデータ化して記録することが多いです。この時、真のデータが自動で収集されるような仕組みになっていれば申し分ありませんが、そのような仕組みが無い場合は、新たにデータを入力することになります。

データは入力し続けなくてはなりませんので、なるべく簡単にデータを入力できるようになっていなくては長続きしません。

ここで、データを生み出している人と、集計したデータを見る人が離れていてはなりません。

データを生み出した本人が集計したデータを見るからこそ、行動が誘発されるのです。

「活動」という言葉には、人が能動的に動くという意味を込めています。

ここには、実は人が関わるが故のもろさが含まれています。

たとえば、データを生み出す人と、集計したデータを見て評価をする人が別な場合を想像してください。

悪いデータが評価する人に伝わって怒られるような場合だと、多くの人は自分の身を守るために嘘のデータを挙げるようになるでしょう。

またその反対の場合も考えられ、よいデータが評価する人に伝わって、高い評価を得られるのであれば、多くの人は自分の評価を高めるために、嘘のデータを挙げてしまうことでしょう。

見える化は、チームが自分たちのカイゼンの道具として活用するのが大事です。

見える化を、管理の道具として、評価に使うのは避けるべきです。

また、見える化に近しい言葉に「可視化」というものがありますが、こちらは、見えるようにしただけにすぎません。

見える化は、これに加えて行動を誘発する仕組みが備わっているから価値があるのです。

世の中で一般的に使われている「見える化」は、「可視化」を指している側面もありますが、それではただ見えるだけで、労力に足る意味があるか疑わしいように私は感じます。

見える化には、見える化を促進するためのいろいろなツールがあります。

グラフや表などを使って、それを使う人に行動を誘発することを目的としたものが主で、このようなツールを使うことで、何が異常かがわかります。

この異常がわかることで、KPTのProblemを考えるきっかけとなります。

また、状況が「可視化」されていますので、現状がどのようになっているのか一目でわかります。

つまり、Tryで選択された改善策が実行されて、その結果がよかったのか、悪かったのかを確認することができるということです。

作業の実施状況を管理する「タスクボード」や、作業の進捗を見やすくする「バーンダウンチャート」などが代表的なもので、KPTとも相性がいいです。

これらのツールについてまとめた、「見える化ガイド（http://objectclub.jp/download/files/pf/ManagementBySeeingGuide.pdf）」という資料がありますので、詳しく知りたい方はそちらをご覧いただけると幸いです。

ＫＰＴで仕事もチームもうまくいく

組織をカイゼンするKPT

組織・職場・チームを活性化させるために、改善活動に日頃から取り組んでいるという会社も多いかと思います。

そうした改善活動を行う時、まず改善目標を決めてから取り組むはずです。

この改善目標を達成しているかどうか、達成するためにどうすればよいかを定期的に考える必要があるわけですが、この時にもＫＰＴをとても便利に使うことができます。

あるチームだけが、ＫＰＴを使ってふりかえり会をするのは、それはそれで役に立つのですが、複数のチームが同時に改善活動に取り組んでいると、他のチームに対してライバル意識が芽生えたり、他のチームとの協力関係が結ばれるなどして、組織全体が活性していきます。

ごく少数のチームだけがふりかえり会をしているだけの組織とは違い、組織に勢いがつきます。

これまで私が見てきた中では、ごく少数のチームだけがふりかえり会をしている場合は、そのチームは外部からの圧力を感じることがあるようです。

実際には、外部から圧力がかかっているわけではないのですが、異質なことを行っていると自分たちで感じ、それを無言の圧力として感じてしまうようです。

しかし、組織全体で改善活動に取り組んでいると、周りも同様なことをしているので、このような圧力を感じることはありません。

むしろ、行っていないところの方が少数派ですから、行わないことのほうに圧力を感じるようになります。

このように、改善活動が行われている組織では、経営目標の中に改善活動が行われていることが組み込まれるので、やる気のあるチームにとっては、後押しされている感があり、前進しやすくなります。

じつは私は、改善活動が大嫌いでした。

学生時代のバイト先でＱＣ（品質管理）活動に参加した時に、どうも馴染めなかったのです。

「やらされ感」ばかりが先行してしまい、「改善」という言葉に嫌悪感を抱いていました。

社会人になっても、「改善提案」を提出するというノルマがあったのには嫌気がさしましたし、改善チームのリーダーになった時も、同じようにやらされ感がありました。

また、表向きだけでもとどんなに頑張ってみてもその改善の効果を実感することはありませんでした。

しかし、紆余曲折あり、改善活動の支援をする人を支援するという仕事をする機会を得ました。

「お仕事」ということもあり、最初のうちは嫌悪感をごまかしながらやっていたのですが、改善に関する文献を読んだり、支援していく中で、ある時「改善活動は仕事の一部」であることに気が付いてから嫌悪感は無くなりました。

以前は、改善活動の目的もわからずに、受け身で周囲から言われたとおりに単に作業を行うだけであったり、改善目標を業務とは関係ない、クリアしやすそうなものを設定していたがために、やらされ感や、無意味な感じがしてしまい、嫌悪感につながっていたようです。

本書で何度も申し上げているとおり、改善は仕事に欠かせないものであり、それを繰り返すカイゼンを続けていくことで、業務は、より効果的かつ円滑にまわるようになり、チームの空気、人間関係も良好なものになっていきます。

ＫＰＴを活用することで、それを確実に実感していただけることと確信しています。

著者略歴

天野 勝（あまの・まさる）

株式会社永和システムマネジメント コンサルティングセンター センター長。

OKR Japan マスターファシリテータ第一号。

総合電機メーカーの情報システム部を経て、2002年より現職。オブジェクト指向をはじめとするソフトウェア開発技術および、アジャイルソフトウェア開発手法の導入に関するコンサルタントとして活躍。

ソフトウェア開発現場を楽しいものとするため、アジャイルソフトウェア開発の実践・コンサルティングから得られた知見をもとに体系化した、チームファシリテーションの普及に注力している。

アジャイル開発コーチ業務でかかわった顧客は、キヤノン、富士通、オリンパス、ヤフー、ビッグローブ、NTTデータCCSなど。

著書に『これだけ！KPT』(弊社刊)、『最短最速で目標を達成するOKRマネジメント』（かんき出版）がある。また、『リーン開発の本質 ソフトウエア開発に活かす7つの原則』(日経BP社)などの翻訳のほか、日経ソフトウエアなどに雑誌記事を多数寄稿。

装丁・本文デザイン協力　　コミュニケーションアーツ株式会社

LEADER's KPT

2019年 4月19日　　第1刷発行

著　者　　天野　勝

発行者　　八谷　智範

発行所　　株式会社すばる舎リンケージ
〒170-0013　東京都豊島区東池袋3-9-7　東池袋織本ビル1階
TEL 03-6907-7827　　FAX 03-6907-7877
http://www.subarusya-linkage.jp/

発売元　　株式会社すばる舎
〒170-0013　東京都豊島区東池袋3-9-7　東池袋織本ビル
TEL 03-3981-8651（代表）
03-3981-0767（営業部直通）
振替 00140-7-116563
http://www.subarusya.jp/

印　刷　　ベクトル印刷株式会社

ISBN978-4-7991-0751-5